LA CAJA

The Arbinger Institute

LA CAJA

Una entretenida historia sobre cómo
multiplicar la auténtica colaboración

Edición revisada y ampliada

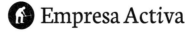 Empresa Activa

Argentina – Chile – Colombia – Ecuador – España
Estados Unidos – México – Perú – Uruguay

Título original: *Leardership and Self Deception – Revised edition*
Editor original: Berrett-Koehler Publishers, Inc., Oakland, California
Traducción: Martín Rodríguez-Courel Ginzo

1.ª edición Junio 2019

  Plaza de los Reyes Magos, 8, piso 1.º C y D – 28007 Madrid
  www.empresaactiva.com
  www.edicionesurano.com

ISBN: 978-84-16997-10-7
E-ISBN: 978-84-17545-74-1
Depósito legal: B-11.320-2019

Fotocomposición: Ediciones Urano, S.A.U.
Impreso por Romanyà Valls, S.A. – Verdaguer, 1 – 08786 Capellades (Barcelona)

Impreso en España – *Printed in Spain*

«Es en la oscuridad de su mirada donde
los hombres se pierden.»

Black Elk

Índice

Prefacio

La cuestión del autoengaño ha sido durante mucho tiempo materia reservada a los grandes filósofos, docentes y eruditos que se ocupan de los aspectos fundamentales de las ciencias humanas. El común de la gente permanece ajeno a la cuestión. Esto no supondría ningún problema, salvo porque el autoengaño está tan extendido que afecta a todos los aspectos de la vida. «Afecta» puede que sea una palabra demasiado suave para describir su influjo. Lo cierto es que el autoengaño *condiciona* la experiencia propia en todos y cada uno de los aspectos de la vida. Y la medida en que lo hace —y en particular la medida en que determina la naturaleza de la influencia de uno sobre los otros y la experiencia personal que se tiene de los demás— es la materia sobre la que versa este libro.

Para que te hagas una idea de lo que está en juego, reflexiona sobre la siguiente analogía. Un bebé está aprendiendo a gatear. Empieza gateando por la casa. Gatea por aquí y por allá y acaba metiéndose debajo de los muebles. Una vez allí, se revuelve, gritando y golpeándose la cabecita contra los laterales y la parte inferior de los muebles. Se ha quedado atascado, y eso lo irrita. Así que hace lo único que se le ocurre para salir: empuja con más fuerza, lo cual solo empeora su problema. Ahora está más atascado que nunca.

Si este bebé pudiera hablar, culparía a los muebles de sus problemas; a fin de cuentas, él está haciendo todo lo que es capaz de discurrir. El problema no puede ser *suyo*. Pero como es natural, el problema es *suyo*, aunque no pueda darse cuenta. Si bien es cierto que está haciendo cuanto se le ocurre, el problema es precisamente que *no hay manera de que vea que él es el problema*. Y, dado el problema que tiene, nada de lo que se le ocurra será una solución.

El autoengaño es así. Nos vuelve ciegos a las verdaderas causas de los problemas y, una vez ciegos, todas las «soluciones» que podamos discurrir en realidad no harán más que empeorar las cosas. Ya sea en el trabajo o en el hogar, el autoengaño nos oculta la verdad sobre nosotros mismos, pervierte nuestro juicio sobre los demás y nuestras circunstancias e inhibe nuestra capacidad para tomar decisiones sabias y constructivas. Y en la medida en que nos engañamos a nosotros mismos, tanto nuestra felicidad como nuestro liderazgo se ven socavados a cada paso, y no por culpa de los muebles.

Hemos escrito este libro para enseñar a la gente a solucionar este problema tan importante. Nuestra experiencia en la enseñanza sobre el autoengaño y su solución es que este conocimiento resulta liberador para las personas: agudiza la visión, reduce la sensación de conflicto, aviva el deseo de trabajar en equipo, redobla la asunción de responsabilidades, magnifica la capacidad para conseguir resultados e intensifica la satisfacción y la felicidad. Y esto sucede igual con ejecutivos de empresas de Nueva York, dirigentes estatales en Beijing, activistas de Cisjordania o agrupaciones de padres de Brasil. Los integrantes de todas las culturas participan en una u otra medida de sus propios autoengaños individuales y culturales. Descubrir una salida a estos autoengaños es descubrir la esperanza y el nacimiento de nuevas posibilidades y soluciones definitivas.

Este libro se publicó por primera vez en el año 2000. En esta nueva tercera edición, publicada en 2018, el texto ha sido actualizado, y hemos añadido nuevas secciones al final que explican las investigaciones sobre la magnitud del autoengaño en las organizaciones, la manera de medir el alcance del autoengaño en las organizaciones y los diferentes usos que la gente ha hecho del libro y de sus ideas a lo largo de las casi dos décadas transcurridas desde su primera edición.

Al principio, algunos lectores se sorprenden al descubrir que el libro se desarrolla como un relato. Las experiencias de los personajes, aunque imaginarias, han sido extraídas de nuestras propias experiencias y de las de nuestros clientes, así que la historia resulta verosímil, y la mayoría de los lectores nos confiesan que se ven reflejados en ella. Gracias a esto el libro proporciona un conocimiento no solo conceptual, sino también práctico del problema del autoengaño y su solución.

El impacto producido ha convertido a *La caja* en uno de los libros sobre el liderazgo más vendidos de todos los tiempos. La secuela del libro, *De la guerra a la paz* (también publicado como *Anatomía de la paz*), publicado por primera vez en 2006, aprovecha por igual la historia y las ideas desarrolladas en aquel y ha ocupado el puesto número uno de las listas de libros más vendido en las categorías de Guerra y Paz y Resolución de Conflictos durante más de un decenio. Nuestro superventas más reciente, *Mentalidad fuera de la caja*, enseña a las organizaciones la manera de poder implantar eficazmente las ideas presentadas por primera vez en *La caja*. Individualmente y en conjunto, estos libros ayudan a los lectores a ver sus vidas laborales y situaciones domésticas de formas totalmente nuevas, y a descubrir soluciones prácticas y eficaces para los problemas que estaban seguros que eran de los demás.

Era imposible que hubiéramos previsto lo que sucedería con *La caja*. Cuando el libro fue publicado por primera vez, pocos habían oído hablar alguna vez del Arbinger Institute, y nuestra decisión de publicarlo bajo el nombre de la empresa contravenía las normas del sector. Pero el libro abrió un camino. En la actualidad es un clásico imperecedero que contiene un mensaje más importante y relevante que nunca. Estamos seguros de que esta introducción al problema y a la solución del autoengaño te aportará una nueva y provechosa ventaja tanto personal como profesionalmente; una ventaja para verte, ver a los demás y ver tus dificultades de manera diferente, y para resolver los problemas que se han resistido tenazmente a una solución.

PRIMERA PARTE

El autoengaño y la «Caja»

1

Bud

Era poco antes de las nueve de una radiante mañana estival, y me dirigía a toda prisa a la reunión más importante de mi nuevo trabajo en Zagrum Company. Mientras avanzaba por los jardines flanqueados de árboles, recordé el día, dos meses antes, en que había entrado por primera vez en la recoleta sede central que parecía un campus universitario, a fin de entrevistarme para un puesto de alta dirección. Zagrum había estado en mi punto de mira durante más de diez años desde mi empleo en una de sus empresas competidoras y estaba harto de ocupar siempre puestos subalternos. Después de ocho entrevistas y tres semanas dedicadas a dudar de mí mismo y de esperar noticias, me habían contratado para dirigir una de las líneas de productos de Zagrum.

En ese momento, cuatro semanas después, estaba a punto de ser introducido a un ritual de alta dirección característico de Zagrum: una reunión personal de un día de duración con el vicepresidente ejecutivo Bud Jefferson. Bud era la mano derecha de la presidenta de Zagrum, Kate Stenarude. Y, debido a un cambio en el equipo directivo, él estaba a punto de convertirse en mi nuevo jefe.

Por mi parte, había intentado averiguar de qué iba aquella reunión, pero las explicaciones de mis colegas no hicieron más que confundirme. Me hablaron de un descubrimiento relacionado con la resolución de los «problemas de la gente»; de cómo nadie se centraba realmente en los resultados; y de que algo que tenía que ver con la «Reunión de Bud», como se la conocía, y con las estrategias que claramente dimanaban de ella, era fundamental para el increíble éxito de Zagrum. Yo no tenía ni idea de qué estaban hablando, pero estaba impaciente por reunirme, e impresionar, a mi nuevo jefe.

Bud Jefferson era un cincuentón de aspecto juvenil que combinaba una serie de características de difícil encaje: pese a ser un hombre acaudalado, se desplazaba en un coche económico al que le faltaban los tapacubos; tras casi abandonar los estudios en el instituto, se licenció en derecho y empresariales con matrícula de honor por Harvard. Era un experto aficionado al arte y era fan de los Beatles. Pese a estas aparentes contradicciones, y tal vez en parte debido a ellas, era venerado como una especie de ídolo. Gozaba de una admiración unánime en la empresa.

Se tardaba doce minutos en recorrer a pie la distancia desde mi despacho en el Edificio 8 hasta el vestíbulo del Edificio Central. El sendero —uno de los muchos que conectaban los 10 edificios de Zagrum— serpenteaba bajo las copas de los robles y los arces por la orilla del Arroyo de Kate, una vía de agua artificial digna de una postal, fruto de la inventiva de Kate Stenarude y que había sido bautizado así por los empleados.

Mientras ascendía por la escalera colgante de acero del Edificio Central hasta la tercera planta, repasé mi comportamiento durante el mes que llevaba en Zagrum: me contaba entre los primeros en llegar y los últimos en irse; me parecía que estaba concentrado en mi trabajo y que no permitía que los asuntos ajenos interfirieran en mis objetivos; aunque mi esposa se quejaba a menudo de ello, insistía en llevarme trabajo a casa y en ser mejor que todos aquellos colegas que pudieran aspirar a un ascenso en años venideros. Satisfecho, asentí con la cabeza para mis adentros. No tenía nada de qué avergonzarme. Así que estaba listo para reunirme con Bud Jefferson.

Al llegar al vestíbulo principal de la tercera planta, me recibió la secretaria de Bud, Maria.

—Tú debes de ser Tom Callum —me dijo con entusiasmo.

—Sí, gracias. Tengo una cita con Bud a las nueve —respondí.

—Claro. Bud me pidió que le esperes en la sala Este. Se reunirá contigo en cinco minutos —Maria me acompañó por el pasillo hasta una gran sala de conferencias. Una vez dentro, me dirigí hacia la larga hilera de ventanas y contemplé las vistas del campus entre las hojas de los verdes bosques de Connecticut. Como un minuto más tarde, alguien llamó enérgicamente a la puerta, y apareció Bud.

—Hola, Tom. Gracias por venir —dijo con una amplia sonrisa mientras me tendía la mano—. Por favor, toma asiento. ¿Te apetece algo de beber? ¿Un café, un zumo?

—No, gracias —respondí—. Estoy bien así.

Me instalé de espaldas a la ventana en la silla de piel negra que tenía más cerca y esperé a que Bud terminara de servirse un vaso de agua en la zona de servicio situada en el rincón. Regresó con el vaso de agua, trayendo consigo la jarra y otro vaso. Lo colocó todo en la mesa situada entre los dos.

—A veces el ambiente se caldea en estas reuniones. Tenemos mucho de que hablar esta mañana. Por favor, sírvete cuando te apetezca.

—Gracias —balbucí. Le agradecía el gesto, pero me sentí más inseguro que nunca acerca de qué iba todo aquello.

—Tom —dijo de repente—, te he pedido que vinieras hoy por un motivo..., un motivo importante.

—Muy bien —repliqué con serenidad, tratando de disimular la ansiedad que sentía.

—Tienes un problema, un problema que vas a tener que resolver si quieres triunfar en Zagrum.

Me sentí como si me hubieran dado una patada en el estómago. Me devané los sesos tratando de encontrar alguna palabra o sonido apropiado, pero las ideas se agolpaban en mi cabeza y no conseguí articular palabra. De pronto me di cuenta de que el corazón me latía con fuerza, y sentí que me ponía lívido.

A pesar de mi éxito profesional, uno de mis defectos secretos era la excesiva facilidad con que el desconcierto se apoderaba de mí. Había aprendido a compensarlo entrenando los músculos de la cara y de los ojos para que se relajaran, de manera que ningún espasmo repentino traicionara mi sobresalto. Y en ese momento fue como si mi cara supiera de manera instintiva que tenía que desvincularse de mi corazón, o de lo contrario se descubriría que seguía siendo el mismo medroso alumno de tercer grado que, cada vez que la señorita Lee devolvía corregidos los deberes, se ponía a sudar, angustiado, esperando recibir una buena nota.

Al final, conseguí decir:

—¿Un problema? ¿A qué te refieres?

—¿De verdad quieres saberlo? —me preguntó.

—No estoy seguro. Tal como suena, supongo que tengo que saberlo.

—Sí —convino Bud—, tienes que saberlo.

2
Un problema

—Tienes un problema —prosiguió Bud—. La gente que trabaja contigo lo sabe, tu esposa lo sabe, tu suegra lo sabe. Apuesto que hasta tus vecinos están al corriente. —A pesar de sus pullas, sonreía con afecto—. El problema es que *tú* no lo sabes.

Estaba sorprendido. ¿Cómo iba a saber que tenía un problema, si ni siquiera sabía cuál era el problema?

—Me temo que no sé a qué te refieres —respondí, tratando de mostrar calma.

Bud asintió con la cabeza.

—Piensa en unas cuantas experiencias —dijo—. Por ejemplo, piensa en las veces en que sabías que tu esposa necesitaría luego el coche y viste que casi no tenía gasolina. ¿Alguna vez has regresado a casa con el depósito casi vacío diciéndote que para ella sería igual de fácil llenarlo?

Pensé en ello un momento.

—Sí, supongo que lo he hecho. —*Pero ¿y eso qué importa?*, me pregunté.

—¿O alguna vez has prometido pasar algún tiempo con tus hijos, pero en el último instante cambiaste de idea porque te surgió algo más interesante?

Pensé en mi hijo, Todd. Era verdad que evitaba hacer más cosas con él. Sin embargo, pensé que no era todo culpa mía.

—¿O que, bajo circunstancias similares —continuó—, alguna vez has llevado a los niños adonde querían ir, pero los has hecho sentir culpables por ello?

Sí, pero al menos los llevé, me dije para mis adentros. *¿Es que eso no tiene ningún valor?*

—¿O qué me dices de esto: alguna vez has aparcado en una zona reservada a minusválidos y entonces has simulado una cojera para que la gente no pensara que eras un desaprensivo?

—Rotundamente, no —alegué en mi defensa.

—¿No? bueno, ¿alguna vez has aparcado donde no estaba permitido y saliste a toda prisa del coche, de manera que los observadores pensaran que *te veías obligado* a aparcar allí?

Me moví nerviosamente en el asiento.

—Puede.

—¿O alguna vez has dejado que un compañero de trabajo hiciera algo que sabías que le ocasionaría un problema, cuando no te hubiera costado nada haberle avisado o detenido?

No dije nada.

—Y hablando del trabajo —continuó—, ¿alguna vez te has guardado información importante para ti, aun a sabiendas de que le sería de gran utilidad a un colega?

Tenía que admitirlo: lo había hecho.

—¿O a veces te muestras desdeñoso con las personas de tu entorno? ¿Alguna vez las riñes por ser vagas o incompetentes, por ejemplo?

—No sé si las *riño* —respondí sin convicción.

—¿Y qué haces cuando consideras que los demás son unos incompetentes? —inquirió.

Me encogí de hombros.

—Supongo que intento hacer que cambien de proceder por otros medios.

—¿Así que te muestras condescendiente y utilizas otras «maneras inofensivas» que se te ocurran para conseguir que hagan lo que quieres? ¿A pesar de que sigas sintiéndote superior a ellos?

Me pareció que eso no era justo.

—La verdad, me parece que me esfuerzo en tratar bien a la gente —repuse.

Bud guardó silencio durante un instante.

—Estoy convencido de ello, Tom —dijo—. Pero permíteme que te haga una pregunta: ¿cómo te sientes cuando «los tratas bien»? ¿Sigues pensando que son un problema?

—No sé muy bien a qué te refieres —repliqué.

—Lo que quiero decir es si te parece que tienes que «transigir» con las personas, que tienes que esforzarte para ser un buen jefe cuando estás atrapado con algunas de las personas con las que te sientes atrapado.

—¿Atrapado? —pregunté para ganar tiempo. Lo cierto era que entendía lo que Bud estaba diciendo, aunque no estaba de acuerdo con lo que me parecía que estaba insinuando. Trataba desesperadamente de encontrar una manera aceptable de defenderme—. Supongo que es verdad que pienso que algunas personas son vagas e incompetentes —respondí finalmente—. ¿Me estás diciendo que estoy equivocado al respecto, que no hay *nadie* que sea vago e incompetente? —Puse demasiado énfasis en aquel «nadie», y me maldije por permitirme mostrar mi contrariedad.

Budd negó con la cabeza.

—En absoluto. Algunas personas son vagas. Y yo, por mi parte, soy un incompetente en un montón de cosas. —Hizo una breve pausa—. Así que ¿qué es lo que haces cuando te enfrentas a alguien que consideras vago o incompetente?

Consideré la pregunta durante un momento.

—Eso depende. Soy bastante directo con algunas personas, pero con otras eso no da muy buen resultado, así que procuro que cambien por otros medios. A algunas intento motivarlas, y con otras me parece que tengo que ser más astuto o maniobrar mejor que ellas. Pero he aprendido a conservar la sonrisa la mayoría de las veces, y eso parece funcionar. La verdad es que creo que hago un trabajo bastante bueno con la gente.

Bud asintió con la cabeza.

—Entiendo. Pero cuando terminemos, creo que tal vez cambies de opinión.

El comentario me inquietó.

—¿Y que hay de malo en tratar bien a la gente? —objeté.

—Nada. Siempre que en realidad sea eso lo que se esté haciendo —contestó Bud—. Pero me parece que podrías acabar descubriendo que no estás tratando tan bien a la gente como piensas. Puede que estés haciendo más daño del que imaginas.

—¿Daño? —repetí. Una inquietud irrefrenable hizo que mis mejillas se ruborizaran. En un intento por controlar mis emociones, dije—: Me temo que vas a tener que explicarme eso. —Incluso a mis oídos las palabras sonaron demasiado hostiles, y mis mejillas se pusieron aún más coloradas.

—Estaré encantado de hacerlo —respondió con calma—. Puedo ayudarte a que sepas cuál es tu problema y qué hacer al respecto. Esa es la razón de que nos hayamos reunido. —Hizo una pausa, y luego añadió—: Y puedo ayudarte, porque yo tengo el mismo problema.

3
Autoengaño

—¿Tienes hijos, Tom?

Agradecí la sencillez de la pregunta y sentí que la vida retornaba a mi cara.

—Pues sí, en realidad, uno. Se llama Todd y tiene 16 años.

Bud sonrió.

—¿Recuerdas cómo te sentiste cuando Todd nació, aquella sensación de que tu perspectiva de la vida cambiaba?

Rebusqué en mi memoria los recuerdos del nacimiento de Todd abriéndome camino a través de la pena y la angustia. Diagnosticado desde una edad muy temprana con un trastorno de déficit de atención, había sido un niño difícil, y mi esposa, Laura, y yo discrepábamos constantemente sobre qué hacer con él. Y a medida que había ido creciendo, las cosas no habían hecho más que empeorar. Todd y yo no teníamos mucha relación. Pero, ante la invitación de Bud, intenté recordar el momento y la emoción que rodearon su nacimiento.

—Sí, me acuerdo —empecé a decir, absorto en mis pensamientos—. Recuerdo que lo abracé con fuerza, meditando sobre lo que esperaba para su vida, sintiéndome incompetente, e incluso agobiado, pero al mismo tiempo agradecido. —El recuerdo mitigó momentáneamente la pena que sentía en el presente.

—Así fue como me sentí yo también —dijo Bud—. ¿Te importaría que te contara una historia que empezó con el nacimiento de mi primer hijo, David?

—Por favor —respondí, encantado de oír su historia y no tener que revivir la mía.

—Entonces yo era un joven abogado —comenzó— que trabajaba muchas horas en uno de los bufetes más prestigiosos del país. Uno de los asuntos en los que trabajé era un importante proyecto de financiación en el que participaban unos 30 bancos de todo el mundo. Nuestro cliente era el principal prestamista del acuerdo.

»El proyecto era muy complejo, e intervenían muchos abogados. Yo era el segundo miembro más joven del equipo y el principal responsable de la elaboración de alrededor de cincuenta acuerdos secundarios del contrato de préstamo principal. Era un gran negocio lleno de atractivos, que requería viajar por todo el mundo, y con cifras de muchos ceros y gente de alto nivel.

»Una semana después de que me encargaran el proyecto, Nancy y yo nos enteramos de que estaba embarazada. Fue una época maravillosa para ambos. David nació ocho meses más tarde, el 16 de diciembre. Antes del parto, me esforcé en concluir o delegar la parte que me correspondía, de manera que pudiera tomarme tres semanas libres para estar con nuestro recién nacido. Me parece que jamás he sido más feliz en mi vida.

»Pero entonces recibí una llamada telefónica. Fue el 29 de diciembre. Era el socio principal del negocio quien me llamaba: se me necesitaba en una reunión de «todo el personal» en San Francisco.

—¿Por cuánto tiempo? —pregunté.

—Hasta que se cerrara el acuerdo... podían ser tres semanas o podían ser tres meses —respondió.

»Me quedé hecho polvo. La idea de dejar solos a Nancy y a David en nuestra casa de Alexandria, Virginia, me sumió en una profunda tristeza. Tardé dos días en concluir mis asuntos en Washington antes de embarcarme a regañadientes en un avión con rumbo a San Francisco. Me despedí de mi joven familia en la acera del Aeropuerto Nacional Reagan. Con un álbum de fotos bajo el brazo, me separé de ellos y crucé las puertas de la terminal.

»Cuando llegué a nuestras oficinas de San Francisco, era el último en incorporarme a la negociación. Hasta el miembro de nuestra oficina de Londres se me adelantó. Me instalé en la última oficina de invitados que quedaba libre, situada en la planta veintiuno. El centro de operaciones del acuerdo, y todo lo demás, estaba en la planta veinticinco.

»Así que hinqué los codos y me puse a trabajar. La mayor parte de la acción transcurría en la planta veinticinco: reuniones, negociaciones entre todas las partes…, todo. Pero yo estaba solo en la veintiuno, solo con mi trabajo y mi álbum de fotos, que tenía abierto encima de la mesa.

»Todos los días trabajaba desde las seis de la mañana hasta pasada la medianoche. Tres veces al día bajaba a la cafetería del vestíbulo y me compraba un panecillo, un bocadillo o una ensalada. Luego volvía a subir a la planta veintiuno y comía mientras estudiaba detenidamente los documentos.

»Si entonces me hubieras preguntado cuál era mi objetivo, te habría dicho que estaba «elaborando los mejores documentos posibles para proteger a nuestro cliente y cerrar el trato» o algo por el estilo. Pero deberías saber un par de cosas más sobre mi experiencia en San Francisco.

»Todas las negociaciones que eran fundamentales para la elaboración de los documentos en los que estaba trabajando estaban teniendo lugar en la planta veinticinco. Esas negocia-

ciones deberían haber sido muy importantes para mí, porque
cada cambio en la negociación tenía que ser contemplado en
todos los documentos que estaba preparando. Pero yo no subía
mucho a la veinticinco.

»De hecho, después de diez días de alimentarme a base de
la comida del restaurante del vestíbulo, me enteré de que se
servía de comer a todas horas en la sala de conferencias principal de la planta veinticinco para todos los que trabajaban en el
acuerdo. Me enfadó que nadie me lo hubiera dicho. Ya me
habían reprendido dos veces aquellos días por no incorporar
algunos de los últimos cambios a mis documentos. ¡Cambios
de los que tampoco nadie me había hablado! En otra ocasión,
me echaron un rapapolvo por no ser fácil de encontrar. Y en
dos ocasiones durante ese período, el socio principal recabó mi
opinión sobre ciertos aspectos que no se me habían ocurrido
en ningún momento, cuestiones en las que habría discurrido si
hubiera estado pensando. Entraban de lleno en el ámbito de
mis competencias, y él no tendría que haber hecho ese trabajo
por mí.

»Bueno, deja que te haga una pregunta, Tom. Por lo poco
que sabes de mi experiencia de San Francisco, ¿dirías que estaba realmente dedicado a «preparar los mejores documentos
posibles para proteger a nuestro cliente y cerrar el acuerdo»?

—No —contesté, sacudiendo la cabeza, sorprendido por la
facilidad con la que estaba a punto de arponear a Bud Jefferson—.
Se diría que estabas preocupado por otra cosa. No da la sensación
de que estuvieras participando en absoluto en el proyecto.

—Así es —admitió—. No estaba participando en ello.
¿Y te parece que sería posible que el socio principal se diera
cuenta?

—Creo que después de aquellos diez días habría sido evidente —opiné.

—Se percató lo suficiente para abroncarme un par de veces como mínimo —dijo Bud—. ¿Y qué te parece esto: crees que diría que yo había comprendido la visión del asunto? ¿O que estaba comprometido? ¿O que estaba siendo de gran ayuda para los demás en lo relacionado con la negociación?

—No, me parece que no. Al mantenerte aislado, estabas poniendo en peligro las cosas, sus cosas —respondí.

—He de darte la razón —concedió Bud—. Me había convertido en un problema, eso es incuestionable. No estaba participando en el negocio, no estaba comprometido, no había comprendido la visión, estaba creando problemas a los demás, etcétera. Pero piensa en esto: ¿Cómo crees que habría reaccionado si alguien me hubiera acusado de no estar comprometido o de no estar participando? ¿Crees que habría estado de acuerdo con él?

Consideré la pregunta.

—Lo dudo. Es un poco difícil estar de acuerdo con la gente cuando te critican. Probablemente te habrías puesto a la defensiva si alguien te hubiera acusado de esa manera.

—Y considera los argumentos que habría utilizado en mi defensa —comentó Bud, asintiendo con la cabeza—. Piensa en ello: ¿quién había abandonado a un recién nacido para ir a San Francisco? Yo. ¿Y quién estaba trabajando veinte horas al día? Yo. —Se estaba empezando a animar—. ¿Y quién se veía obligado a trabajar aislado cuatro plantas más abajo que los demás? Yo. ¿Y a quién se olvidó la gente de mencionar detalles básicos como el régimen de comidas? A mí. Así que, desde mi punto de vista, ¿quién estaba dificultando las cosas a quién?

—Mmm, imagino que habrías visto a los demás como la causa principal del problema —respondí, encontrando interesante la ironía.

—Ya lo puedes creer —señaló—. ¿Y qué hay del compromiso, la participación y la percepción de la visión? ¿Te das cuenta de que desde mi perspectiva no solo estaba comprometido, sino que podría ser la persona más comprometida del negocio? Porque, desde mi punto de vista, nadie tenía que enfrentarse a tantas dificultades como a las que me enfrentaba yo. Y a pesar de ello, me estaba esforzando al máximo.

—Eso es cierto —convine, relajándome en mi silla y asintiendo con la cabeza—. Es así como te *habrías* sentido.

—Así que considerémoslo de nuevo. —Bud se levantó otra vez y empezó a caminar de un lado a otro—. Recuerda el problema. Yo no estaba comprometido, estaba desconectado, no había comprendido la visión del asunto y estaba dificultando las cosas a los demás en relación al negocio. Todo eso es cierto. Y ese era un problema, un gran problema. Pero había un problema mayor…, y es de este problema del que tú y yo tenemos que hablar.

En ese momento captó toda mi atención.

—El mayor problema era que yo no era capaz de *ver* que tenía un problema.

Hizo una pausa momentánea y entonces, inclinándose hacia mí, dijo en un tono más bajo y aún con más seriedad:

—No existe ninguna solución al problema de la falta de compromiso, por ejemplo, sin una solución para el problema mayor: el problema de que no pueda *ver* que no estoy comprometido.

De pronto empecé a inquietarme y noté que los músculos de mi cara volvían a relajarse hasta quedarme sin expresión. Atrapado en la historia de Bud, me había olvidado de que me la estaba contando por una razón. La historia iba dedicada a mí. Debía de haber estado pensando que *yo* tenía un gran problema. Pese a mis esfuerzos por mantenerme sereno y objetivo, empecé a sentir la cara y las orejas calientes.

—Tom, hay un nombre técnico para la contumaz ceguera de la que hice gala en San Francisco. Los filósofos y los psicólogos lo llaman «autoengaño». En Zagrum tenemos un nombre menos técnico para definirlo: lo llamamos «estar dentro de la caja». Cuando nos engañamos a nosotros mismos, según nuestra forma de hablar «estamos en la caja». Vas a aprender mucho más sobre la caja, pero como premisa, considéralo de la siguiente manera: en cierto sentido, en San Francisco yo estaba «atascado» en mi experiencia. Estaba atascado porque tenía un problema que no creía que tenía, un problema del que no era capaz de darme cuenta. Solo era capaz de ver desde la cerrazón de mi perspectiva, y era profundamente reacio a cualquier sugerencia de que la verdad fuera distinta a lo que yo pensaba. Así que estaba dentro de una caja: desconectado, encerrado, ciego. ¿Te dice algo eso?

Asentí con la cabeza.

—No hay nada más habitual en una organización que el autoengaño —prosiguió—. Por ejemplo, piensa en alguien con quien hayas trabajado que fuera un gran problema, esto es, alguien que representara un serio obstáculo para el trabajo en equipo.

Fue fácil: Chuck Staehli, el director operativo de mi anterior empresa, lisa y llanamente un imbécil. El tipo no pensaba nada más que en sí mismo.

—Sí, conozco a alguien así.

—Bien, la cuestión es la siguiente: ¿cree la persona en la que estás pensando que es un problema como tú crees que es?

Negué enérgicamente con la cabeza.

—No. Seguro que no.

—Ese suele ser el caso. Identifica a alguien con un problema y estarás identificando a alguien que se resiste a la sugerencia de que tiene uno. Eso es el autoengaño: el problema de no

saber y de resistirse a la posibilidad de que uno tenga un problema.

»De todos los problemas de las organizaciones —continuó—, el autoengaño es el más frecuente y el más perjudicial.
—Hizo una pausa para dejar que la cuestión calara hondo—.
Piensa en ello, Tom. No puedes avanzar en la resolución de los
problemas si las personas que causan esos problemas se niegan
a considerar en qué medida podrían ser los responsables. Así
que, en Zagrum, nuestra principal iniciativa estratégica consiste en minimizar el autoengaño individual e institucional.

Bud se levantó y empezó a ir de un lado a otro.

—Para subrayar por qué esto es tan importante para nosotros —dijo—, tengo que hablarte de un problema parecido en
la medicina.

4

El problema subyacente a otros problemas

—¿Alguna vez has oído hablar de Ignaz Semmelweis? —me preguntó Bud. (Lo pronunció «Ignauts Semelvais».)

—No, creo que no. ¿Es una enfermedad?

—No, no —respondió, riéndose entre dientes—. Pero casi. Semmelweis fue un médico europeo, un obstetra, que vivió a mediados del siglo diecinueve. Trabajó en el Hospital General de Viena, un importante hospital dedicado a la investigación, donde trató de llegar al fondo de una terrorífica tasa de mortalidad entre las mujeres de la sala de maternidad. En la sección de la sala donde Semmelweis ejercía, la tasa de mortalidad era de una de cada diez pacientes. Piénsalo. ¡Una de cada diez mujeres que daban a luz allí morían! Imagínate.

—Yo no habría dejado que mi mujer se acercara a ese lugar —afirmé.

—No habrías sido el único. El Hospital General de Viena tenía una fama tan terrorífica, que algunas mujeres preferían dar a luz en la calle y que *luego* las llevaran al hospital.

—No se lo reprocho —dije.

—El conjunto de síntomas asociados a esas muertes —prosiguió Bud— acabaron siendo conocidos como «fiebre puerperal». La ciencia médica convencional de la época exigía que cada síntoma fuera tratado por separado. Así, la inflamación significaba que había un exceso de sangre que provocaba la tumefacción, de manera que le practicaban sangrías a la paciente o le aplicaban sanguijuelas. La fiebre la trataban de la misma manera. Las dificultades respiratorias se consideraban causadas por la mala calidad del aire, así que mejoraban la ventilación. Y así sucesivamente. Pero nada daba resultado. Más de la mitad de las mujeres que contraían la enfermedad morían al cabo de pocos días.

»El riesgo tremendo que corrían las mujeres era conocido por todos. Semmelweis informó de que era frecuente ver a pacientes que, «de rodillas y retorciéndose las manos», imploraban que las trasladaran a la segunda sección de la maternidad, donde la tasa de mortalidad era de una por cada cincuenta mujeres, que, aunque seguía siendo un porcentaje atroz, era bastante mejor que la tasa de una por cada diez de la sección de Semmelweis.

»Él se fue obsesionando cada vez más con el problema, en particular al descubrir la única razón que podría explicar que la tasa de mortalidad de una sección de la maternidad fuera mucho más alto que la de otra. La única diferencia evidente entre las secciones era que la de Semmelweis —la sección con peores resultados— estaba atendida por médicos, mientras que de la otra sección se encargaban solo las comadronas. Él no acababa de entender la razón de que eso explicara la diferencia, así que trató de igualar todos los demás factores entre las pacientes de la maternidad. Por consiguiente, lo estandarizó todo, desde las posturas para dar a luz hasta la ventilación y la dieta. Incluso estandarizó la manera en que se lavaba la ropa.

Analizó todas las posibilidades, pero no era capaz de encontrar la respuesta. Nada de lo que probaba suponía una diferencia perceptible en las tasas de mortalidad.

»Pero entonces sucedió algo. Se tomó un permiso de cuatro meses para ir a visitar otro hospital, y a su regreso descubrió que, durante su ausencia, la tasa de mortalidad de su sección había descendido considerablemente.

—¿De verdad?

—Sí. Ignoraba la razón, pero no había ninguna duda del descenso. Así que se metió a fondo en la búsqueda de la causa. Poco a poco, sus averiguaciones le llevaron a pensar en la posible importancia de las investigaciones que los médicos llevaban a cabo con los cadáveres.

—¿Los cadáveres?

—Sí. Recuerda que el Hospital General de Viena era un hospital clínico dedicado a la docencia y la investigación. Muchos de los médicos repartían su tiempo entre la disección de cadáveres y la atención a pacientes vivos. Si no se habían dado cuenta de que hubiera algún problema con esa práctica, se debía a que todavía no se tenía ningún conocimiento sobre los microorganismos patógenos. De lo único que sabían aquellos médicos era de síntomas. Y al examinar sus propios hábitos de trabajo y compararlos con los de los médicos que lo habían sustituido en su ausencia, Semmelweis descubrió que la única diferencia significativa era que él dedicaba bastante más tiempo a realizar disecciones de cadáveres.

»A partir de estas observaciones, desarrolló una teoría sobre la fiebre puerperal, teoría que fue la precursora de la bacteriología. Así, llegó a la conclusión de que las «partículas» de los cadáveres y de otros pacientes enfermos eran transmitidas a los pacientes sanos *por medio de las manos de los médicos*. Así que inmediatamente estableció un protocolo que exigía que los médicos se lavaran las manos concienzudamente en una solución a base de cloro y cal antes de examinar a cualquier paciente. ¿Y sabes que sucedió?

Negué con la cabeza.

—¿Qué?

—Que la tasa de mortalidad descendió inmediatamente a una de cada cien pacientes.

—Así que estaba en lo cierto —dije, casi entre dientes—. Los médicos eran los portadores.

—Sí. De hecho, en una ocasión Semmelweis comentó con tristeza: «Solo Dios sabe la cantidad de pacientes que acabaron prematuramente en sus tumbas por mi culpa». Imagínate lo que es vivir con *eso*. Los médicos estaban haciéndolo lo mejor que sabían, pero estaban transmitiendo una enfermedad sobre la que no sabían nada. Esta provocaba multitud de síntomas debilitadores, todos los cuales se podían prevenir mediante una única acción, una vez que la causa común de los síntomas fue descubierta: lo que más adelante sería identificado como un germen.

Bud se interrumpió. Apoyó las manos en la mesa y se inclinó hacia mí.

—Existe un germen parecido que se extiende por las organizaciones, un germen que todos transportamos en mayor o menor medida, un germen que aniquila la eficacia del liderazgo y el trabajo en equipo, un germen que ocasiona multitud de «problemas de grupo», un germen que se puede aislar y neutralizar.

—¿Y qué es? —inquirí.

—Justo lo que hemos estado hablando —respondió él—. El autoengaño, «la caja». O, más exactamente, el autoengaño es la enfermedad. De lo que vamos a aprender es del germen que lo causa. Y lo que estoy sugiriendo, Tom, es que, al igual que el

descubrimiento de la causa de la fiebre puerperal, el descubrimiento de la causa del autoengaño equivale a la revelación de
una especie de teoría de la unificación, una explicación que
muestra cómo el aparentemente dispar conjunto de síntomas
que denominamos «problemas de grupo» (desde los problemas de liderazgo a los problemas de motivación y todo lo que
hay en medio) están provocados todos por la misma cosa. Con
este conocimiento, los problemas de grupo pueden ser resueltos con una eficiencia que jamás había sido posible antes. Hay
una manera clara de acometerlos y resolverlos; no uno a uno,
sino de una sola y disciplinada vez.

—Eso es mucho decir —comenté.

—Por supuesto —replicó—. Pero mi intención es que con-
fíes en mi palabra al respecto. Lo que voy a intentar es ayudarte a que lo descubras por ti mismo. Necesitamos que lo comprendas, porque tienes que estar seguro de que las estrategias
que se derivan de ello se implanten en tu división.

—De acuerdo —dije.

—Para empezar —expuso—, creo que podría interesarte
saber cómo fracasé en esto cuando me incorporé a Zagrum.

5

Lo que subyace al liderazgo eficaz

—Después de nueve años en el bufete de abogados, me marché para convertirme en asesor jurídico de Sierra Product Systems. ¿Te acuerdas de Sierra?

Sierra había sido la precursora de varios de los procesos que Zagrum había aprovechado para ascender al puesto que ocupaba en lo más alto del cúmulo de las empresas de alta tecnología.

—Pues claro —respondí—. Su tecnología cambió el sector. ¿Qué fue de Sierra?

—Que fue comprada... por Zagrum Company.

—¿De verdad? No tenía la menor noticia.

—El acuerdo fue bastante complicado. Pero, resumiendo, el caso fue que Zagrum compró la mayor parte de la valiosa propiedad intelectual de Sierra, las patentes y todo lo demás. Eso ocurrió hace 16 años. En esa época, yo era el director operativo de Sierra y llegué a Zagrum como parte del acuerdo. No tenía ni idea de en lo que me estaba metiendo. —Alargó la mano para coger su vaso y bebió agua—. En ese momento, Zagrum era un pequeño misterio. Pero enseguida se me dio a conocer el misterio de Zagrum; para ser exactos, en la segunda reunión importante a la que asistí.

»Al estar íntimamente familiarizado con los aspectos clave de la compra de Sierra, me incorporé a Zagrum como parte del equipo directivo. En mi primera reunión, se me encomendó la realización de varios cometidos difíciles para antes de la siguiente reunión, que tendría lugar al cabo de dos semanas. Dedicado como estaba a aprender el funcionamiento de la empresa y de todo, fue una carga pesada.

»Al final, la noche previa a la siguiente reunión, solo faltaba terminar uno de los cometidos. Era tarde, y estaba cansado. Teniendo en cuenta todo lo que había hecho y había pasado para conseguirlo, aquel único encargo pendiente se me antojó insignificante. Así que no le di importancia.

»En la reunión del día siguiente, informé de mis avances, hice algunas recomendaciones y compartí con los presentes la importante información que había recopilado. Acto seguido, le dije al grupo que debido a que había invertido todo mi tiempo en abordar aquellos otros encargos, además de todos los obstáculos con los que me había encontrado, todavía había una tarea que no había terminado.

»Nunca olvidaré lo que sucedió a continuación. Lou Herbert, que a la sazón era el presidente de la empresa, se volvió hacia Kate Stenarude, que entonces ocupaba el puesto que ostento yo ahora, y le pidió que se encargara de realizar ese trabajo para la siguiente reunión. La reunión continuó con los informes de los demás. No se le dio más importancia al asunto, pero me di cuenta de que era la única persona del grupo que se había dejado algo por hacer.

»Me pasé el resto de la reunión perdido en mis pensamientos, avergonzado, sintiéndome pequeño, preguntándome si encajaba, preguntándome si *quería* encajar.

»La reunión concluyó, y metí mis documentos en el maletín mientras los demás charlaban. En ese momento no me sentía parte del grupo, y cuando me escabullía en silencio entre algunos de mis locuaces colegas camino de la puerta, sentí que alguien me ponía la mano en el hombro.

»Me giré y me encontré con un sonriente Lou que me miraba fijamente con sus dulces aunque penetrantes ojos. Me preguntó si me importaba que me acompañara de vuelta a mi despacho. Para mi sorpresa después de lo que me acababa de hacer en la reunión, le respondí que estaría encantado.

Bud hizo una pausa momentánea para volver al presente.

—Tú no conoces a Lou, Tom, y probablemente no lleves aquí el tiempo suficiente para conocer las historias, pero Lou Herbert es una leyenda. Fue él, personalmente, el responsable de la transformación de una empresa mediocre e insignificante en un gigante, a veces a pesar de sus defectos, y a veces incluso gracias a ellos. Todos los que trabajaban en Zagrum en su época le eran encarnizadamente leales.

—Lo cierto es que he oído algunas historias —dije—. Y recuerdo que cuando trabajaba en Tetrix incluso los capitostes de allí parecían admirarlo, en particular Joe Alvarez, el director general de Tetrix, que consideraba a Lou el pionero del sector.

—Y tiene razón —convino Bud—. Lou fue el pionero del sector. Pero lo que Joe no sabe es hasta qué punto fue un pionero. Y eso es lo que tú vas a aprender —recalcó—. Lou se jubiló ya hace algunos años, aunque sigue viniendo por aquí unas cuantas veces al mes para ver cómo nos va. Su agudeza es inestimable. Seguimos teniendo un despacho para él.

»En fin, yo sabía mucho de su leyenda antes de incorporarme a la empresa. Así que quizá puedas comprender mis emociones enfrentadas después de la reunión que acabo de describir. Me sentía desairado, pero al mismo tiempo sumamente preocupado por la opinión que Lou pudiera tener de mí. ¡Y entonces va y me pregunta si puede acompañarme a mi despacho! Estaba encantado con que me acompañara, pero también asustado, aunque no sabía de qué.

»Me preguntó qué tal me había ido la mudanza, si mi familia estaba instalada y contenta, y que si estaba disfrutando de los retos en Zagrum. Le apenó enterarse de que Nancy lo estaba pasando mal con el traslado y prometió llamarla personalmente para ver si había algo que él pudiera hacer, llamada que realizó esa misma noche.

»Cuando llegamos a mi despacho, y antes de que pudiera darme la vuelta para entrar, me cogió por ambos hombros con sus manos esbeltas y fuertes. Me miró fijamente a los ojos con una expresión de amable preocupación reflejada en las arrugas de su rostro curtido. «Bud —dijo—, nos alegra tenerte con nosotros. Eres una persona talentosa y un buen hombre. Aportas mucho al equipo. Pero no nos vuelvas a defraudar nunca más, ¿de acuerdo?»

—¿Me tomas el pelo? —pregunté con incredulidad—. ¿*Eso* te dijo?

—Sí.

—No tengo nada en contra de Lou —dije—, pero eso me parece un poco fuera de lugar, teniendo en cuenta todo lo que habías hecho. Puedes ahuyentar a muchas personas diciendo cosas así.

—Es cierto —convino Bud—. Pero ¿sabes una cosa? No fue eso lo que sucedió conmigo. Con Lou, en ese momento, no me sentí ofendido. Y hasta cierto punto, incluso me sentí motivado. Y me sorprendí a mí mismo diciendo: «No, Lou. No lo haré. Nunca más volveré a defraudaros».

»Ahora sé que eso parece cursi. Pero así era con Lou. Rara vez hacía las cosas ateniéndose a las normas. Si cien personas hubieran intentado hacer lo que Lou me hizo en aquella reunión y a continuación, solo una de cien habría sido capaz de dar pie a mi cooperación, como hizo Lou, en lugar de a mi resentimiento. De acuerdo con las reglas, eso no habría dado resultado. Pero, sea como fuere, funcionó. Y con Lou solía hacerlo. La pregunta, Tom, es: *¿por qué, por qué* daba resultado?

Era una buena pregunta.

—No lo sé —acabé reconociendo encogiendo los hombros. Entonces, casi como una ocurrencia tardía, añadí—: Tal vez simplemente supieras que Lou se preocupaba por ti, así que no te sentiste amenazado, como podrías haberte sentido de otra manera.

Bud sonrió y volvió a tomar asiento.

—Así que piensas que yo pude *darme cuenta* de eso, de lo que Lou sentía por mí.

—Sí, me parece que es posible.

—Así que entonces, Tom, estás diciendo que en buena medida yo estaba reaccionando a la consideración en que Lou me tenía (o, al menos, a la consideración en que yo creía que me tenía) y, que para mí, esa consideración era más importante que sus meras palabras y actos. ¿Es eso lo que estás sugiriendo?

Sopesé la pregunta un instante, pensando en las cosas que me preocupaban en mis relaciones con los demás. Yo me *fijaba* en cómo creía que me veían los demás; en lo que, por ejemplo, mi esposa, Laura, pensaba de mí, o en si yo creía que ella solo estaba pensando en ella. Mis reacciones ante ella y ante los demás siempre parecían estar fundamentadas en lo que yo creía que estaban pensando de mí.

—Sí, supongo que eso es lo que *estoy* sugiriendo —admití—. Si me parece que alguien solo está pensando en él, suelo descartar todo lo que dice.

Bud asintió con la cabeza.

—Aquí tuvimos un buen ejemplo de lo que dices hace un par de años. Dos personas del Edificio 6 tenían dificultades para trabajar juntas. Una de ellas, Gabe, acudió a mí para hablar de ello y me dijo: «No sé lo que hago aquí. No consigo que Leon responda y coopere conmigo. Da lo mismo lo que yo haga; Leon no parece creer que me interese. Me esfuerzo en preguntarle por su familia. Le invito a almorzar. He hecho todo cuanto se me ha ocurrido, pero todo ha sido inútil».

»«Quiero que pienses en algo, Gabe —le dije—. De verdad, piensa en ello. Cuando te esfuerzas en hacer todas esas cosas por Leon, para que sepa que te interesa, ¿en qué estás más interesado: en *él* o en la opinión que tiene de *ti*?»

»Creo que a Gabe le sorprendió un poco la pregunta. «Quizá Leon piense que no estás realmente interesado en él —continué—, porque en realidad estás más interesado en ti.»

»Al final, Gabe comprendió cuál era el problema, aunque fue un momento doloroso. Le correspondió a él, entonces, resolver qué hacer al respecto, aplicando algunas de las cosas de las que tú y yo nos vamos a ocupar hoy; ideas, por cierto, tan aplicables a nuestras relaciones en casa como lo son a nuestras relaciones en el trabajo. Deja que te ponga un ejemplo de esto de un carácter más doméstico.

Bud me sonrió.

—Probablemente nunca has tenido una discusión con tu esposa, ¿verdad?

Se me escapó una carcajada demasiado entusiasta.

—Alguna que otra, nada más.

—Bien, mi esposa, Nancy, y yo estábamos en plena discusión hace algunos años. Era por la mañana, antes de ir a trabajar. Tal como lo recuerdo, ella estaba enfadada porque yo no había lavado los platos la noche anterior, y yo lo estaba porque ella estuviera tan enojada por eso. ¿Te haces una idea?

—Ah, sí, he pasado por eso —dije, pensando en la discusión que había tenido con Laura esa misma mañana.

—Al cabo de un rato, Nancy y yo nos fuimos cada uno a una punta de la habitación —continuó Bud—. Yo me estaba cansando de nuestra pequeña «discusión», que estaba provocando que llegara tarde al trabajo, y decidí disculparme y ponerle fin. Así que me acerqué a ella y le dije: «Lo siento, Nancy», y me incliné para besarla.

»Nuestros labios se tocaron, si es que lo hicieron, una milésima de segundo. Fue el beso más breve de la historia. No había sido esa mi intención, pero fue todo de lo que fuimos capaces.

»«No lo sientes», me dijo en voz baja, y se apartó lentamente. Tenía razón, por supuesto..., por la misma razón de la que hemos estado hablando. Había dejado traslucir lo que realmente sentía: me sentía tratado injustamente, abrumado y poco valorado, y no fui capaz de disimularlo, ni siquiera con un beso. Pero recuerdo vagar por el pasillo hacia el garaje, sacudiendo la cabeza y mascullando para mis adentros. ¡En ese momento tenía tantas pruebas de la irracionalidad de mi esposa, que hasta era incapaz de aceptar una disculpa!

»Pero he aquí la cuestión, Tom: ¿había alguna disculpa que aceptar?

—No, porque realmente no eras sincero, tal como dijo Nancy.

—Así es. Mis palabras dijeron: «Lo siento», pero mis sentimientos no, y fue a lo que yo sentía (plasmado a través de mi voz, mi mirada, mi actitud, mi nivel de interés en sus necesidades, etcétera), y fue a *eso*, repito, a lo que ella respondió.

Bud se interrumpió, y yo pensé en lo sucedido esa mañana con Laura: en su cara, una cara que otrora irradiaba energía, interés y amor por la vida, ahora oscurecida por la resignación a una herida profunda; y en sus palabras, que desgarraron cualquier convicción que yo siguiera manteniendo sobre nuestro matrimonio. «Me parece que ya no te conozco, Tom», había dicho. «Y lo que es peor, la mayoría de las veces siento que realmente te trae sin cuidado conocerme. Es como si fuera una carga para ti o algo parecido. No sé cuál fue la última vez que me mostraste amor. Ahora todo es frialdad. Te encierras en tu trabajo, incluso cuando estás en casa. Y para ser sincera, yo tampoco siento nada profundo hacia ti. Ojalá lo sintiera, pero todo son pamplinas, nada más. Nuestra vida en común no tiene nada realmente en común. Vivimos nuestras vidas por separado mientras compartimos el mismo techo, cruzándonos de vez en cuando, preguntándonos por las agendas y las actividades comunes. Incluso conseguimos sonreírnos, pero todo es mentira. En realidad, no hay ningún sentimiento.»

—Como has sugerido, Tom —oí que decía Bud, sacándome de mis problemas—, a menudo podemos percibir lo que los demás sienten por nosotros, ¿no es así? Con un poco de tiempo, podemos darnos cuenta de cuándo estamos siendo manejados, manipulados o nos las están dando con queso. Podemos detectar la hipocresía, sentimos los reproches disimulados bajo una apariencia de amabilidad. Y habitualmente nos molesta. En el trabajo, por ejemplo, dará lo mismo que la otra persona se las ingenie para pasar a vernos, se siente en el borde de la silla escuchando con atención y nos pregunte por los miembros de la familia para mostrar interés o utilice cualquier otra maña que haya aprendido para ser más eficaz. Lo que entenderemos y a lo que reaccionaremos es a cómo esa persona nos está *considerando* cuando hace esas cosas.

Mis pensamientos volvieron a Chuck Staehli.

—Sí, sé a qué te refieres —dije—. ¿Conoces a Chuck Staehli, el director operativo de Tetrix?

—¿Un tipo de casi dos metros, pelirrojo, poco pelo y unos ojos de mirada penetrante?

—El mismo. Bueno, solo necesité unos dos minutos con él para saber que creía que el mundo giraba a su alrededor y, si no el mundo, sin duda sí todos los miembros de su empresa. Por ejemplo, me acuerdo de estar en una teleconferencia con Joe Alvarez después de un frenético mes de octubre dedicado a arreglar un fallo en uno de nuestros productos. Aquello me supuso un esfuerzo hercúleo que consumió casi todo mi tiempo y el 80 por ciento del tiempo de uno de mis grupos. Durante la reunión, Joe nos felicitó por un trabajo bien hecho. ¿Adivinas quién aceptó todos los halagos?

—¿Staehli?

—Sí, Staehli. Apenas nos dio las gracias, y lo hizo de una manera tan despectiva que fue peor que si no lo hubiera hecho. Lo recogió todo con entusiasmo y se regodeó en la gloria. Me parece que en ese momento pensaba de verdad que había sido el *autor*. Con sinceridad, se me revolvieron las tripas. Y ese es solo uno de los muchos ejemplos.

Bud escuchaba con interés, y de pronto me di cuenta de lo que yo estaba haciendo: criticando a mi antiguo jefe delante del nuevo. Me pareció que debía callarme. De inmediato.

—En fin, parece que Chuck sería un buen ejemplo de lo que estamos hablando. —Me recosté en mi silla para indicar que había terminado, confiando en que no hubiera hablado demasiado.

Si Bud estaba preocupado por algo, no lo exteriorizó.

—Sí, ese es un buen ejemplo —admitió—. Ahora compara a Staehli con Lou. O, más exactamente, compara la *influencia* de cada uno de ellos sobre los demás. ¿Dirías, por ejemplo, que Staehli alentó en ti la misma clase de esfuerzo, el mismo nivel de resultados, que Lou alentó en mí?

Era una pregunta fácil.

—Ni hablar —dije—. Staehli no fomentaba el esfuerzo o la dedicación en absoluto. No me malinterpretes. De todas maneras, yo me esforzaba, porque tenía una carrera profesional propia de la que preocuparme. Pero jamás nadie se tomaba la menor molestia para ayudarlo.

—Observa que algunas personas (como Lou, por ejemplo) fomentan la lealtad y el compromiso en los demás, por más que sean patosos en las relaciones personales —afirmó—. El hecho de que no hayan asistido a muchos seminarios o de que nunca hayan aprendido las técnicas más recientes tiene poca importancia. De una u otra manera, estas personas son productivas. Y motivan a los que los rodean a hacer lo mismo. Algunos de los mejores jefes de nuestra empresa entran dentro de esta categoría. Son personas que no siempre dicen o hacen lo «correcto», pero a la gente le encanta trabajar con ellas. Porque obtienen resultados.

»Y luego están las otras personas (como Chuck Staehli, tal como lo has descrito) que ejercen una influencia muy diferente. Aunque siempre hagan lo «correcto» en las relaciones interpersonales (incluso si aplican los últimos conocimientos y técnicas en sus comunicaciones y actividades), dará igual. En última instancia, la gente estará resentida con ellas y sus tácticas. Y, en consecuencia, acaban fracasando como líderes, porque provocan que las personas los rechacen.

Todo lo que estaba diciendo Bud parecía verdad si se aplicaba a Chuck Staehli, pero me pregunté si no estaba yendo demasiado lejos.

—Entiendo lo que dices —comenté—, incluso me parece que estoy de acuerdo con ello. Pero ¿estás sugiriendo que las habilidades sociales no sirven para nada? No me parece que *eso* sea cierto.

—No. No es eso lo que estoy sugiriendo. Pero sí *sugiero* que las habilidades nunca son lo *fundamental*. De acuerdo con mi experiencia, pueden ser valiosas cuando son utilizadas por personas como Lou, que son capaces de minimizar los malentendidos y la torpeza. Pero no son tan útiles cuando son utilizadas por personas como Staehli, tal como lo describes, porque solo generan resentimiento en las personas que uno está intentando con «oficio» o «afabilidad» que hagan algo. Que las habilidades sociales sean eficaces o no depende de algo más profundo.

—¿Más profundo?

—Sí, algo más profundo que la conducta y la aptitud. Eso fue lo que Lou (y mi reacción ante él) me enseñó el día de esa segunda reunión aquí en Zagrum. Y lo que me enseñó al principio del día siguiente, cuando los dos nos reunimos para una reunión de un día de duración.

—¿Estás hablando de...?

—Sí, Tom —respondió, antes de que pudiera formular la pregunta—. Lou hizo por mí lo que ahora estoy empezando a hacer por ti. Lo solían llamar las «Reuniones de Lou» —añadió con una sonrisa burlona y una mirada de complicidad.

»No lo olvides, yo tengo el mismo problema que tienes tú.

6

La influencia depende
de una elección fundamentada

—¿Y qué es ese algo más profundo? —inquirí con curiosidad.

—Eso de lo que ya te he hablado: el autoengaño —repuso Bud—. Si estoy *dentro* o *fuera de* la caja.

—Muy bien —dije pausadamente, con ganas de saber más.

—Como ya hemos dicho, independientemente de lo que hagamos por fuera, la gente reacciona fundamentalmente a lo que sentimos en verdad por dentro. Y lo que sentimos por los demás depende de si estamos dentro o fuera de la caja en relación con ellos. Deja que te ilustre mejor esta cuestión con un par de ejemplos.

»Hace cosa de un año, viajé de Dallas a Phoenix en un vuelo sin reservas de asiento. Mientras nos disponíamos a embarcar, oí por casualidad que un auxiliar comentaba que no se había vendido todo el pasaje, pero que habría muy pocos asientos sobrantes. Me sentí afortunado y aliviado al encontrar un asiento de ventanilla libre con otro vacío al lado en el tercio de la parte trasera del avión. Los pasajeros que buscaban asiento seguían avanzando por el pasillo, valorando con la mirada las menguantes opciones que les iban quedando. Mientras, coloqué mi maletín en el asiento vacío del medio, saqué el periódico del día y me puse a leer. Recuerdo que miré por encima del borde del periódico a las personas que avanzaban por el pasillo. Ante cualquier manifestación de lenguaje corporal que indicaba que el asiento donde reposaba mi maletín despertaba el interés, extendía aún más el periódico con la intención de alejar cualquier deseo de ocuparlo. ¿Te haces una idea?

—Claro.

—Bueno. Ahora permíteme que te haga una pregunta: a primera vista, ¿qué revelaba mi *comportamiento* en el avión?, ¿cuáles eran algunas de las cosas que estaba *haciendo*?

—Para empezar, te estabas comportando como un cretino —respondí.

—Bueno, eso es muy cierto —admitió Bud, esbozando una amplia sonrisa—, pero eso no es exactamente a lo que me refiero; en todo caso, no todavía. Quiero decir, ¿qué acciones concretas emprendí en el avión? ¿Cuáles eran mis actos, cómo me comportaba?

Me imaginé la situación.

—Estabas… ocupando dos asientos. ¿Te refieres a eso?

—Por supuesto. ¿Y qué más?

—Esto…, estabas leyendo el periódico. Observabas a las personas que pudieran querer sentarse en el asiento contiguo al tuyo. Simplificando: estabas sentado.

—De acuerdo, es suficiente —dijo Bud—. Tengo otra pregunta: mientras me comportaba de esa forma, ¿cómo veía a las personas que buscaban un asiento? ¿Qué eran para mí?

—Diría que las veías como una amenaza, tal vez como un fastidio o un problema, o algo parecido.

Bud asintió.

—¿Dirías que consideraba las necesidades de aquellos que seguían buscando asiento igual de legítimas que las mías?

—Ni de broma. Lo único que te importaba eran tus necesidades, y las de todos los demás, en el mejor de los casos, eran secundarias —respondí, sorprendido por mi franqueza—. Más o menos te estabas viendo como el rey del mambo.

Bud soltó una carcajada, divertido sin duda por el comentario.

—Bien dicho, bien dicho. —Entonces continuó, ya con más seriedad—. Tienes razón. En aquel avión, las necesidades y los deseos de los demás tenían menos importancia que los míos. Ahora compara esta experiencia con la siguiente: hace unos seis meses, Nancy y yo hicimos un viaje a Florida. Por la razón que fuera, se produjo un error en el proceso de expedición de los pasajes y nos tocaron asientos separados. El avión iba prácticamente lleno, y la asistente de vuelo tenía problemas para encontrar la manera de sentarnos juntos. Mientras estábamos en el pasillo tratando de encontrar una solución, una mujer que sostenía en las manos un periódico doblado apresuradamente se acercó por detrás desde la parte trasera del avión, y dijo: «Disculpen, si necesitan dos asientos juntos, creo que el contiguo al mío no lo va a ocupar nadie. Estaría encantada de sentarme en uno de sus asientos».

»Por un momento, piensa en esa mujer. ¿Cómo dirías que nos vio?, ¿como una amenaza, una molestia o un problema?

—Para nada —respondí, negando con la cabeza—. Parece como si solo os viera como a unas personas que necesitaban unos asientos y a las que les gustaría viajar juntas. Puede que sea una respuesta más elemental que la que andas buscando, pero…

—Al contrario —señaló—, es una manera fantástica de expresarlo. La mujer nos vio simplemente como personas, pero volveremos a esto dentro de un momento. Ahora comparemos la manera en que esta mujer veía aparentemente a los demás con la manera en que yo vi a aquellos que estaban subiendo al avión en mi historia en la que intervino el maletín. Antes dijiste que me veía a mí mismo como a una especie de rey del mambo, como alguien más importante que los demás y con unas necesidades mayores.

Asentí.

—¿Era esa la manera en que aquella mujer parecía verse a sí misma y a los demás? —inquirió—. ¿Parecía ella, al igual que yo, dar prioridad a sus necesidades y deseos por encima de las necesidades y los deseos de los demás?

—No parece, no —respondí—. Es como si desde su punto de vista, en tales circunstancias, tus necesidades y las suyas tuvieran la misma importancia.

—Eso es lo que pareció —admitió Bud, asintiendo. Se levantó y se dirigió hacia el extremo opuesto de la mesa de reuniones—. Aquí tenemos dos situaciones en las que una persona estaba sentada en un avión al lado de un asiento vacío, a todas luces leyendo el periódico y observando a los demás que necesitaban encontrar un asiento. Eso es lo que estaba sucediendo a primera vista, desde el punto de vista del comportamiento.

Bud abrió dos grandes puertas de caoba en la pared del otro extremo de la mesa, dejando a la vista una gran pizarra.

—Pero ahora observa lo diferente que esta experiencia similar fue para mí y para aquella mujer. Yo menosprecié a los demás; ella no. Yo me sentía ansioso, tenso, irritado, amenazado y molesto, mientras que ella no parecía experimentar ninguna de esas emociones tan negativas. Yo ocupaba mi asiento culpabilizando a los demás que pudieran interesarse por el asiento donde había dejado mi maletín; quizás alguno me pareciera muy feliz, otro me miraba enojado, otro llevaba mucho equipaje de mano, un cuarto tenía pinta de parlanchín, etcétera. Por su parte, la mujer no parece que culpabilizara a nadie, sino que comprendió que, ya se tratara de personas felices, enojadas, con exceso de equipaje de mano o parlanchinas, aquellas personas necesitaban *algún sitio* para sentarse. Y de ser así, ¿por qué el asiento sin ocupar contiguo al suyo (y hasta su *propio* asiento) no habría de ser tan adecuado para otros viajeros como cualquier otro?

»Ahora tengo una pregunta para ti —prosiguió Bud—. ¿No es acaso cierto que la gente que embarcó en ambos aviones eran personas con esperanzas, necesidades, preocupaciones y temores comparables y que todas ellas tenían más o menos la misma necesidad de sentarse?

Eso parecía correcto.

—Sí. Así es.

—Y si eso es verdad, entonces yo tenía un grandísimo problema, porque no estaba viendo a las personas del avión de esa manera en absoluto. Mi punto de vista era que, de alguna manera, yo tenía más derechos o era superior a quienes seguían buscando asiento. Lo cual es como decir que en realidad no estaba viéndolas como personas bajo ningún concepto. En ese momento, para mí eran más objetos que personas.

—Sí, lo veo —convine.

—Y observa hasta qué punto mi visión tanto de mí mismo como de los demás estaba distorsionada respecto de lo que hemos convenido que era la realidad —dijo—. Aunque la verdad era que todos éramos personas con más o menos la misma necesidad de sentarnos, yo no estaba viendo la situación de esa manera. Así que mi visión del mundo era una manera sistemáticamente incorrecta de ver a los demás y a mí mismo. A los demás los veía como menos de lo que eran, como objetos con necesidades y deseos en cierta manera secundarios y menos legítimos que los míos. Pero era incapaz de darme cuenta del problema que entrañaba lo que estaba haciendo. Me estaba engañando a mí mismo o, dicho de otro modo, estaba dentro de la caja. Por su parte, la mujer que nos ofreció su asiento veía a los demás y la situación con claridad, sin prejuicios. Veía a los otros como lo que eran, como personas iguales que ella, con necesidades y deseos similares. Veía las cosas como eran. Estaba fuera de la caja.

»Así que las experiencias interiores de las dos personas —prosiguió—, aunque mostraban los mismos comportamientos externos, eran totalmente diferentes. Esta diferencia es lo bastante importante como para que quiera recalcarla con un esquema.

Entonces se volvió hacia la pizarra y empleó un minuto en esbozar lo siguiente:

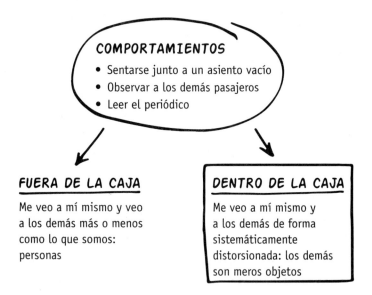

COMPORTAMIENTOS
- Sentarse junto a un asiento vacío
- Observar a los demás pasajeros
- Leer el periódico

FUERA DE LA CAJA

Me veo a mí mismo y veo a los demás más o menos como lo que somos: personas

DENTRO DE LA CAJA

Me veo a mí mismo y a los demás de forma sistemáticamente distorsionada: los demás son meros objetos

—Las cosas son así, Tom —dijo Bud, haciéndose a un lado para que pudiera ver la pizarra—. Sea lo que sea que pueda estar «haciendo» en la superficie (sea, por ejemplo, estar sentado, observar a los demás, leer el periódico, da lo mismo), actúo de una de las dos maneras fundamentales cuando lo hago. O estoy viendo a los demás directamente como son (como personas iguales a mí que tienen necesidades y deseos tan legítimos como los míos), o no. Como le oí decir a Kate en una ocasión: de una manera, me experimento como una persona entre la gente. De la otra manera, me experimento como la persona entre objetos. De una manera, estoy fuera de la caja; de la otra, estoy dentro de la caja. ¿Te parece que esto tiene sentido?

Yo estaba pensando en una situación en la que me había encontrado una semana antes. Alguien de mi departamento se había convertido en un problema, y no era capaz de ver cómo se le podía aplicar esta distinción de estar dentro o fuera de la caja. En realidad, y en cualquier caso, la situación parecía contradecir lo que estaba diciendo Bud.

—No estoy seguro —contesté—. Deja que te exponga una situación, y dime cómo encaja en lo que me acabas de decir.

—Muy bien —aceptó, y se sentó.

—Hay una sala de conferencias a la vuelta de la esquina de mi despacho adonde suelo ir a pensar y elaborar estrategias. La gente de mi departamento sabe que la sala es como un segundo despacho para mí y, después de varias discusiones ocurridas el mes pasado, procuran no programar su utilización sin que yo lo sepa. No obstante, la semana pasada una de las empleadas de mi departamento entró en la sala y la utilizó. No solo lo hizo sin programar su uso, sino que borró todas mis notas de la pizarra. ¿Qué piensas de esto?

—Dadas las circunstancias, diría que fue una decisión bastante mala por su parte.

Asentí y dije:

—Me enfurecí, por decirlo de una manera suave. Me llevó mi tiempo recuperar lo que había hecho, y todavía no estoy seguro de haberlo conseguido del todo.

Estuve a un tris de seguir hablando, de contar cómo la había llamado de inmediato a mi despacho, que me había negado a darle la mano y acto seguido le había dicho, sin ni siquiera pedirle que se sentara, que no volviera a hacer eso otra vez o que de lo contrario podría irse buscando un nuevo trabajo. Pero me lo pensé mejor.

—¿Cómo encaja el autoengaño en *esa* situación? —pregunté.

—Permíteme que te haga algunas preguntas —respondió Bud—. Y luego quizá puedas decírmelo tú. ¿Qué pensaste y sentiste con respecto a esa mujer cuando averiguaste lo que había hecho?

—Bueno…, supongo que pensé que había sido negligente.

Bud asintió con una expresión de curiosidad que me invitaba a seguir hablando.

—Y supongo que pensé que era una estupidez por su parte hacer lo que había hecho sin preguntarle a nadie. —Hice una pausa, y luego añadí—: Fue bastante atrevido por su parte, ¿no te parece?

—Sin duda no fue algo muy inteligente —admitió Bud—. ¿Algo más?

—No, eso es más o menos lo que recuerdo.

—Entonces permíteme que te pregunte: ¿sabes para qué quería utilizar la sala?

—Bueno, no. Pero ¿por qué debería importar eso? No cambia el hecho de que no debería haberla utilizado, ¿no es así?

—Tal vez no —respondió Bud—. Pero deja que te haga otra pregunta: ¿sabes cómo se llama ella?

La pregunta me pilló por sorpresa. Lo pensé un instante. No estaba seguro de que hubiera oído su nombre alguna vez. ¿Lo había mencionado mi secretaria? ¿O me lo dijo ella cuando me tendió la mano para saludarme? Hurgué en mi memoria, pero no encontré nada.

Pero, de todos modos, ¿por qué debería de importar eso?, pensé, envalentonado. *Bueno, no sabía cómo se llamaba. ¿Y qué? ¿Hacía eso que estuviera equivocado?*

—No, supongo que no lo sé, o no lo recuerdo —afirmé.

Bud asintió.

—Bueno, he aquí la cuestión que realmente me gustaría que considerases. Suponiendo que esa mujer sea, en realidad, negligente, estúpida y atrevida, ¿supones que es *tan* negligente, estúpida y atrevida como la acusaste de ser cuando sucedió todo eso?

—Bien, en realidad no la acusé de tales cosas.

—No de palabra, quizá, ¿pero has tenido algún contacto con ella desde el incidente?

Pensé en la gélida acogida con la que le había obsequiado y el ofrecimiento de mano que rechacé.

—Sí, en una única ocasión —dije, dócilmente.

Bud debió de percibir el cambio que experimentó mi voz, porque bajó la suya ligeramente y perdió su tono prosaico.

—Tom, quiero que te imagines que eras ella cuando os conocisteis. ¿Qué crees que sintió ella?

La respuesta, claro está, era evidente. La mujer no podría haberse sentido peor si la hubiera golpeado con un bate de béisbol. Recordé el temblor en su voz y sus pasos inseguros aunque apresurados al abandonar mi despacho. En ese momento me pregunté por primera vez hasta qué punto debía de haberla ofendido y qué debía de haber sentido ella. Supuse que a la sazón debía de sentirse bastante insegura y preocupada, tanto más cuanto que todo el departamento parecía estar al corriente de lo que había sucedido.

—Sí —dije con calma—, visto retrospectivamente, me temo que no manejé la situación muy bien.

—Entonces permíteme que vuelva a mi anterior pregunta —insistió Bud—. ¿Supones que tu opinión de esa mujer en el momento la hizo sentir peor de lo que ya se sentía realmente?

Reflexioné antes de responder, no porque no estuviera seguro, sino porque quería recobrar la serenidad.

—Bueno, es posible. Pero eso no cambia el hecho de que ella hiciera algo que no debería haber hecho, ¿no te parece? —añadí.

—Para nada. Y volveremos a eso. Pero en este preciso momento, lo que deseo que consideres es esto: hiciera lo que hiciese (estuviera bien o mal), ¿tu manera de verla fue más como *mi forma de ver* a la gente del avión o se parecía más a la de la mujer de la que te hablé?

Pensé en ello un instante.

—Piénsalo de esta manera —añadió Bud, señalando el esquema de la pizarra—: ¿la considerabas como una persona igual que tú, con esperanzas y necesidades similares, o solo era un objeto para ti, como tú mismo dijiste, solo una amenaza, una molestia o un problema?

—Supongo que pudo haber sido solo un objeto para mí —acabé reconociendo.

—Así que, ahora, ¿cómo dirías que se aplicaría lo que hemos hablado sobre el autoengaño? ¿Dirías que estabas *dentro* o *fuera* de la caja?

—Supongo que, probablemente, estaba *dentro* —admití.

—Merece la pena pensar en ello, Tom. Porque esa distinción —dijo, señalando de nuevo el esquema— revela lo que subyacía tras el éxito de Lou y, ya que estamos, del de Zagrum. Porque, como Lou solía estar fuera de la caja, veía las cosas directamente. Veía a las personas como lo que son: personas. Y encontró la manera de construir una empresa de personas que ven de esa manera mucho más que la gente de la mayoría de las organizaciones. Si quieres saber cuál es el secreto del éxito de Zagrum, este no es otro que el que hayamos creado una cultura en la que, simplemente, se invita a las personas a que vean a los demás como personas. Y al ser vistas y tratadas de ese modo directo, la gente responde en consonancia. Eso fue lo que sentí con Lou, y con lo que le correspondí.

Aquello sonaba muy bien, aunque me parecía demasiado simplista para ser el elemento distintivo de Zagrum.

—La verdad es que no puede ser tan simple, ¿no te parece, Bud? Quiero decir que, si el secreto de Zagrum fuera tan elemental, a estas alturas todo el mundo lo habría copiado.

—No me malinterpretes —replicó él—. No estoy minimizando la importancia de, por ejemplo, incorporar a la empresa a personas inteligentes y cualificadas, ni la del esfuerzo, ni la de ninguna otra serie de cosas que son importantes para el éxito de Zagrum. Fíjate, todos los demás han copiado todas *esas* cosas, pero todavía les falta copiar nuestros resultados. Y eso se debe a que no saben cuánto más inteligentes son las personas inteligentes, ni cuánto más capacitadas consiguen ser las personas capacitadas, ni cuánto más se esfuerzan las personas trabajadoras cuando ven a los demás, y son vistas, de un modo directo, como personas.

»Y no olvides —continuó— que el autoengaño es una clase de problema especialmente difícil. Hasta tal punto están las organizaciones afectadas por el autoengaño (y la mayoría lo están) que son incapaces de ver el problema. La mayoría de las organizaciones están atascadas dentro de la caja.

Esa afirmación quedó flotando en el aire mientras Bud alargaba la mano para coger su vaso de agua y beber un trago.

—A propósito —añadió—, el nombre de la mujer es Joyce Mulman.

—¿Quién…, qué mujer?

—La persona cuya mano rechazaste. Su nombre es Joyce Mulman.

7

Personas u objetos

—¿Cómo es que la conoces? —pregunté con preocupación—. ¿Y cómo te has enterado de lo que ocurrió?

Bud sonrió con aire tranquilizador.

—No te dejes engañar por la distancia que hay entre los edificios. Las noticias van que vuelan. Me enteré de ello por dos de sus jefes del equipo de control de calidad que estaban hablando del asunto a la hora del almuerzo en la cafetería del Edificio 5. Parece ser que los dejaste bastante impresionados.

Me esforcé por mantener la compostura y disimular mi preocupación.

—En cuanto a cómo es que la conozco —continuó—, en realidad no la conozco, salvo que procuro conocer todos los nombres que puedo de las personas de la empresa. Aunque, dado nuestro crecimiento, cada mes que pasa se me va haciendo más difícil.

Asentí, impresionado porque alguien que ocupaba el puesto de Bud se preocupara de conocer el nombre de alguien del nivel de Joyce en la empresa.

—¿Sabes esas fotos que sacamos para las tarjetas de identificación?

Asentí.

—Pues bien, los integrantes del equipo directivo recibimos copias de todas esas fotos y procuramos conocer, cuando no memorizar, las caras y los nombres de las personas que se incorporan a la empresa.

»He descubierto, al menos por lo que a mí respecta —prosiguió—, que, si no estoy interesado en saber el nombre de una persona, es probable que no esté verdaderamente interesado en la persona como tal. Para mí, es una prueba decisiva básica. Bueno, no necesariamente funciona al revés, esto es, me puedo aprender y saber los nombres de las personas y que estas sigan siendo solo objetos para mí. Pero si ni siquiera estoy dispuesto a intentar recordar el nombre de alguien, en sí mismo eso es un indicio de que él o ella posiblemente solo sea un objeto para mí y de que estoy dentro de la caja. En fin, esa es la razón por la que conozco a Joyce, o al menos la medida en que la conozco.

Mientras Bud hablaba, me dediqué a hacer un inventario mental de las personas de mi departamento. Caí en la cuenta de que, de las 300 personas más o menos que componían mi parte de la empresa, conocía solo a unas 20 por su nombre. *¡Pero llevo aquí solo un mes!*, protesté para mis adentros. *¿Qué otra cosa podrías esperar?* Pero sabía que no se trataba de eso. Sabía que lo que Bud decía sobre él también me concernía a mí. El tiempo que llevara trabajando en Zagrum no era más que una cortina de humo. Lo cierto era que no había hecho ningún *esfuerzo* real por aprenderme el nombre de nadie. Y mientras pensaba en ello en ese momento, se me hizo evidente que mi falta de interés en una cuestión tan elemental como los nombres de los demás era un indicio bastante claro de que probablemente no los estuviera viendo como personas.

—Supongo que piensas que metí bien la pata —dije, mientras mis pensamientos regresaban a Joyce.

—Lo que yo piense no tiene ninguna importancia. Lo importantes es lo que pienses *tú*.

—Pues bien, estoy un poco desconcertado. Por un lado, me parece que le debo una disculpa a Joyce. Pero, por otro, sigo pensando que no debería haber entrado en aquella sala y borrado todo sin haber consultado primero.

Bud asintió.

—¿Crees que es posible que tengas razón en ambos aspectos?

—¿Cómo? ¿Qué esté equivocado y tenga razón al mismo tiempo? ¿Y cómo es eso posible?

—Míralo de esta manera —propuso Bud—. Estás diciendo que Joyce no debería haber entrado en la sala y borrado del pizarrón las cosas que otra persona había escrito sin preguntar antes si podía hacerlo. ¿Es así?

—Sí.

—Eso también me parece razonable a mí. Y estás diciendo que lo correcto en esa situación fue decirle que no debía volver a hacer eso nunca más. ¿Cierto?

—Sí, eso es lo que me parece.

—A mí también —convino Bud.

—Entonces, ¿qué es lo que hice mal? —pregunté—. Eso fue exactamente lo que hice.

—Sí, eso *es* lo que hiciste —admitió—, pero la cuestión es: ¿estabas dentro o fuera de la caja cuando lo hiciste?

De repente se me encendió una luz.

—Vaya, ya entiendo. No es que lo que hiciera fuera incorrecto necesariamente, sino que hice lo que hice (puede que incluso lo correcto) de la manera equivocada. La estaba viendo como un objeto. Me encontraba dentro de la caja. ¿Es eso lo que estás diciendo?

—Exactamente. Y si haces lo que a primera vista podría considerarse lo correcto, pero lo haces mientras estás dentro de la caja, provocarás una reacción totalmente distinta y menos productiva que si estuvieras fuera de la caja. Recuerda, las personas reaccionan fundamentalmente no a lo que hacemos sino al modo en que *lo hacemos*, a si estamos dentro o fuera de la caja en relación con ellas.

Aquello parecía lógico, aunque no estaba seguro de si se podía aplicar en el lugar de trabajo.

—¿Hay algo que te preocupe? —preguntó Bud.

—La verdad es que no —respondí sin ninguna convicción—. Bueno, hay algo a lo que no dejo de darle vueltas.

—Bien, adelante.

—Estoy sentado aquí preguntándome cómo puedes dirigir una empresa considerando siempre a los demás como personas. Me refiero a si no te expones a que te pasen por encima. Puedo entender que se aplique al ámbito familiar, por ejemplo, ¿pero no es un poco ilusorio pensar que tengas que ser así también en el trabajo, cuando tienes que ser rápido y contundente?

—Me alegro de que me hagas esa pregunta —dijo Bud—. Esa era la siguiente cuestión de la que te quería hablar. —Tras hacer una pausa, añadió—: En primer lugar, quiero que pienses en Joyce. Tal y como manejaste la situación, puedo imaginarme que ella no volverá a utilizar jamás tu sala de conferencias.

—Es probable que no.

—Y, puesto que eso era lo que quisiste transmitirle, quizá pienses que tu reunión fue un éxito.

—Sí, supongo que en cierta medida es así —dije, sintiéndome un poco mejor por lo que había hecho.

—Está bien —dijo Bud—. Pero pensemos y vayamos más allá de la sala de conferencias. ¿Crees que, estando dentro de la caja cuando le transmitiste tu mensaje, infundiste en esa mujer *más* entusiasmo y creatividad en relación con su trabajo o *menos*?

La pregunta de Bud fue una revelación para mí, y de repente me di cuenta de que para Joyce Mulman yo era como Chuck Staehli. Recuerdo que Staehli, que por lo que puedo decir parecía estar siempre dentro de la caja, una vez me reprendió duramente; y yo conocía personalmente lo desmotivador que resultaba trabajar con él a resultas de ello. Para Joyce, yo no debía de parecer muy distinto de Staehli. La idea era demoledoramente deprimente.

—Supongo que tienes razón —respondí—. Puede que resolviera el problema de la sala de conferencias, pero con mi forma de actuar creé otros problemas.

—Vale la pena pensar en ello —convino Bud, asintiendo—. Pero en realidad el asunto que planteas conduce a algo más profundo. Trataré de aclararlo.

Se levantó de nuevo y volvió a pasearse por la sala.

—Tu planteamiento presupone que, cuando estamos fuera de la caja, nuestros comportamientos son «blandos», y cuando estamos dentro, son «duros». Por eso te preguntas, me imagino, si se puede dirigir una empresa si se está fuera de la caja todo el tiempo. Pero pensemos un poco más sobre esa suposición. ¿La distinción entre estar *dentro* de la caja y estar *fuera* de la caja es una cuestión puramente de comportamiento?

Pensé en ello un momento. No estaba seguro, pero me pareció que podría suponer una diferencia en cuanto al comportamiento.

—No estoy seguro —confesé.

—Echemos un vistazo al esquema —dijo Bud, señalando lo que había anotado antes en la pizarra—. Recuerda que la mujer del avión y yo mostramos los mismos comportamientos externos, pero nuestras experiencias fueron completamente distintas: yo estaba *dentro* de la caja y ella estaba *fuera*.

—De acuerdo —dije asintiendo.

—Aquí tenemos una cuestión evidente, pero sus consecuencias son sumamente importantes —dijo—. En este esquema, ¿dónde se indican los comportamientos?

—En la parte superior —respondí.

—¿Y dónde se indican las maneras de estar dentro de la caja y fuera de la caja?

—En la parte inferior.

—Sí —dijo Bud, apartándose de la pizarra y volviéndose hacia mí—. ¿Y qué es lo que implica esto?

Ignoraba qué era lo que andaba buscando, así que permanecí sentado en silencio devanándome los sesos en busca de una respuesta.

—A lo que me refiero —añadió— es a que este esquema sugiere que hay dos maneras de hacer... ¿qué cosa?

Estudié el esquema. Entonces caí en la cuenta de adónde quería llegar.

—Entiendo..., hay dos formas de comportamiento.

—Exacto. Así que ahí va de nuevo la pregunta: ¿es la distinción de la que estamos hablando fundamentalmente una distinción de comportamiento o se trata de algo más profundo?

—Es más profundo.

Bud asintió.

—Bueno, ahora pensemos en Lou otra vez por un momento. ¿Cómo describirías el comportamiento que tuvo conmigo? Recuerda, en una reunión, delante de mis colegas, me relevó de una responsabilidad que yo no había logrado cumplir, aunque había realizado todo lo demás que me había pedido que hiciera. Y luego me preguntó si volvería alguna vez a decepcionarle. ¿Cómo describirías el comportamiento que tuvo conmigo: dirías que fue blando o duro?

—Sin duda sería duro —dije—, incluso demasiado duro.

—Sí. ¿Pero estaba dentro de la caja o fuera de la caja cuando lo hizo?

—Fuera de la caja.

—¿Y qué hay de ti? ¿Cómo definirías tu comportamiento con Joyce: fue blando o duro?

—También duro…, puede que demasiado duro —respondí, removiéndome en mi asiento.

—Verás —dijo Bud, mientras se dirigía hacia su silla enfrente de mí—, hay dos formas de ser duro. Uno puede incurrir en un comportamiento duro y estar tanto *dentro* de la caja como *fuera* de la caja cuando lo realiza. La diferencia no radica en el comportamiento, sino en la forma de ser cuando hago *lo que* estoy haciendo, ya sea blando o duro.

»Considerémoslo de otra manera —prosiguió—. Si estoy fuera de la caja, veo a los demás como personas. ¿De acuerdo?

Asentí.

—Sí.

—Entonces, la pregunta es: ¿una persona necesita siempre que seamos blandos?

—No, a veces la gente necesita que se les motive con un poco de dureza —respondí con una sonrisa irónica.

—Es cierto. Y tu situación con Joyce es un ejemplo perfecto. Ella necesitaba que se le dijera que había hecho mal en borrar las notas de otra persona de la pizarra, y transmitir esa clase de mensaje podría considerarse duro en relación con el comportamiento. El caso es que es posible transmitir esa clase de mensaje duro y seguir estando fuera de la caja cuando lo hacemos. Pero se puede hacer fuera de la caja solo si la persona a la que estás transmitiendo el mensaje es una *persona* para ti. Eso es lo que *significa* estar fuera de la caja. Y fíjate (y esta es la razón de que esto sea tan importante), ¿qué mensaje duro provocó una respuesta más productiva, el de Lou o el tuyo?

Pensé de nuevo en lo desmotivador que había sido trabajar para Chuck Staehli, y en que probablemente yo había ejercido sobre Joyce la misma clase de influencia que la que Chuck había ejercido sobre mí.

—Me temo que el de Lou.

—Así me lo parece a mí también —dijo Bud—. Así que, en relación con el comportamiento duro, estas son las alternativas: podemos ser duros y alentar la productividad y el compromiso, o podemos ser duros y provocar la resistencia y la mala voluntad. La alternativa no es la de ser duro o no, es la de estar en la caja o no.

Bud consultó su reloj.

—Ahora son las once y media, Tom. Te propongo una cosa. Si estás de acuerdo, me gustaría interrumpir la reunión durante una hora y media más o menos.

Me sorprendió la hora que era. No parecía que hubieran transcurrido dos horas y media, pero aun así agradecí el descanso.

—Por supuesto —dije—. ¿Entonces, continuamos a la una?

—Sí, eso estaría muy bien. Ahora recuerda lo que hemos abordado hasta el momento: hay algo más profundo que el comportamiento, que es lo que determina la influencia que ejercemos sobre los demás, y es si estamos dentro o fuera de la caja. Todavía no sabes gran cosa de la caja, pero cuando estamos dentro de la caja, nuestra perspectiva de la realidad está distorsionada; ni nos vemos a nosotros mismos ni vemos a los demás con claridad. Nos autoengañamos. Y eso genera todo tipo de problemas para las personas que nos rodean.

»Teniendo eso presente —prosiguió—, me gustaría que hicieras algo por mí antes de que nos reunamos de nuevo después del almuerzo. Me gustaría que pensaras en las personas que trabajan en Zagrum, tanto las que pertenecen a tu departamento como las que no, y que te preguntaras si estás dentro o fuera de caja en relación con ellas. Y no agrupes a las personas en las que pienses como si fueran una masa impersonal. Piensa en ellas como individuos. Puede que al mismo tiempo estés dentro de la caja en relación con una persona y fuera de ella en cuanto a otra. Piensa en cada persona.

—De acuerdo, así lo haré —dije mientras me levantaba—. Gracias, Bud, esto ha sido muy interesante. Me has dado un montón de cosas en las que pensar.

—Ni de lejos tanto como en lo que tendrás que pensar esta tarde —respondió sonriendo.

8
Duda

El sol de agosto ardía en lo alto mientras regresaba por el sendero que discurría paralelo al arroyo de Kate. Aunque me había criado en San Luis y había vivido durante años en la Costa Este, había pasado suficiente tiempo en climas más moderados como para sentirme muy incómodo con la humedad que acompañaba al calor estival de Connecticut. Agradecí poder caminar bajo los árboles cuando giré en dirección al Edificio 8.

Sin embargo, para la vulnerabilidad a la que estaba sometido por dentro no había protección. Pisaba un terreno que me era completamente desconocido. Ningún aspecto de mi experiencia profesional me había preparado para mi reunión con Bud. A pesar de que me sentía bastante inseguro de mí mismo y estaba bastante menos convencido de estar en los primeros puestos del pelotón de aspirantes a ser ascendidos de lo que había estado solo unas pocas horas antes, nunca me había sentido mejor sobre lo que iba a hacer. Sabía que había una cosa que tenía que hacer durante ese descanso, y tenía la esperanza de encontrar a Joyce Mulman para poder hacerlo.

—Sheryl, ¿podrías decirme dónde está la mesa de Joyce Mulman? —pregunté a mi secretaria cuando pasé por su lado y entré en mi despacho. Cuando me giré después de dejar mi bloc de notas encima de la mesa, observé que Sheryl estaba ante la puerta con una expresión de preocupación en el rostro.

—¿Ocurre algo malo? —preguntó con calma—. ¿Joyce ha vuelto a hacer una de las suyas?

Las palabras de Sheryl traslucían preocupación por mí, pero su actitud traicionaba su preocupación por Joyce, como si quisiera alertarla de una inminente tormenta si tuviera ocasión de hacerlo. Me sorprendió la suposición, implícita en su pregunta, de que si yo quería ver a alguien debía ser porque la persona en cuestión había hecho algo malo. Mi reunión con Joyce podía esperar un minuto. Tenía que hablar con Sheryl.

—No, no ocurre nada malo —respondí—. Aunque entra un momento, hay algo de lo que quiero hablar contigo. —Al observar su desconcierto, añadí—: Por favor, toma asiento. —Rodeé la mesa y me senté frente a ella.

»Soy nuevo aquí —empecé—, y todavía no has tenido mucha experiencia conmigo, pero quiero hacerte una pregunta… y necesito que seas absolutamente sincera conmigo.

—De acuerdo —dijo, de forma algo evasiva.

—¿Te gusta trabajar conmigo? Quiero decir, en comparación con otras personas para las que has trabajado, ¿dirías que soy un buen jefe?

Se movió inquieta en el asiento, a todas luces incómoda con la pregunta.

—Pues claro —manifestó con un tono demasiado vehemente—. Por supuesto que me gusta trabajar para ti. ¿Por qué?

—Es una mera pregunta —dije—. ¿Así que te gusta trabajar para mí?

Asintió con la cabeza sin mucha convicción.

—¿Pero dirías que te gusta trabajar conmigo tanto como con los demás para los que has trabajado?

—Sí, claro —dijo con una sonrisa forzada, bajando la vista hacia mi mesa—. Me he sentido a gusto con todas las personas para las que he trabajado.

Mi pregunta había colocado a Sheryl en una situación difícil. Y eso era sumamente injusto. Pero ya tenía mi respuesta: yo no le caía muy bien. La verdad se traslucía en su fingida despreocupación y en su incomodidad. Pero no sentí ningún resentimiento hacia ella. Por primera vez en un mes, sentí compasión. Y también me sentí un poco abochornado.

—Bien, gracias, Sheryl —dije—. Aunque empiezo a darme cuenta de que quizá trabajar conmigo ha sido una experiencia terrible.

Ella no dijo nada.

Levanté la vista y me pareció advertir que las lágrimas empezaban a agolparse en sus ojos. ¡Solo había trabajado cuatro semanas con ella y ya la había hecho llorar! Me sentí como el peor de los canallas.

—De verdad que lo siento, Sheryl. Realmente lo siento. Creo que tengo que desaprender ciertas cosas. Me parece que he estado ciego a algunas de las cosas que le hago a la gente. Todavía no sé mucho al respecto, pero estoy empezando a darme cuenta de cómo menosprecio a los demás, de que no los veo como personas. ¿Sabes de lo que estoy hablando?

Para mi sorpresa, ella hizo un gesto de asentimiento.

—¿Lo sabes?

—Pues claro. La caja, el autoengaño y todo eso, ¿no? Sí. Aquí todo el mundo lo sabe.

—¿Bud también habló contigo?

—No, no fue Bud. Él se reúne personalmente con todos los nuevos altos directivos. Aquí se imparte un curso al que todo el mundo tiene que asistir donde aprendemos las mismas cosas.

—¿Así que sabes lo de la caja, lo de ver a los demás como personas o verlos como objetos?

—Sí, y lo de la autotraición, la confabulación, cómo salir de la caja, cómo centrarse en los resultados, los cuatro niveles de rendimiento organizacional y todo lo demás.

—Creo que todavía no he aprendido algunas de esas cosas. Al menos Bud no las ha mencionado. ¿Qué era eso de la auto…?

—Traición —dijo Sheryl, completando la frase—. Es la manera en que empezamos a meternos en la caja. Pero no te quiero estropear lo que viene a continuación. Se diría que solo acabas de empezar.

En ese momento me sentí como un *verdadero* canalla. Una cosa era tratar a otra persona como un objeto si ella era tan ajena a todas esas ideas como yo lo había sido. Pero, al estar al corriente de lo de la caja, era muy probable que Sheryl me hubiera calado desde el principio.

—Vaya, probablemente habrás pensado de mí que era el mayor de los idiotas, ¿no?

—El mayor no —dijo con una sonrisa.

Su comentario chistoso relajó mi estado de ánimo, y reí. Probablemente era la primera risa entre nosotros en las cuatro semanas que llevábamos trabajando juntos, y en la distensión del momento, aquello se me antojó una verdadera pena.

—Bueno, quizá para esta tarde sepa qué hacer al respecto —le dije.

—Quizá sepas más al respecto de lo que crees —respondió ella—. Por cierto, Joyce está en la segunda planta, al lado de la columna marcada como «8-31».

Cuando pasé junto al cubículo de Joyce, no había nadie. *Es posible que esté almorzando*, pensé. Pero cuando estaba a punto de marcharme, me lo pensé mejor: *Si no hago esto ahora, quién sabe si lo haré alguna vez.* Me senté en una silla extra que había en el cubículo y esperé.

El cubículo estaba lleno de fotos de dos niñas pequeñas de unos tres y cinco años. Y había dibujos infantiles de caras sonrientes, soles nacientes y arcoíris. Bien podría haber estado sentado en una guardería de no haber sido por las pilas de gráficos e informes que se amontonaban por todo el suelo.

No estaba seguro de a qué se dedicaba Joyce en el departamento —*mi* departamento—, lo que en ese momento me pareció bastante lamentable, pero por el aspecto de todos los montones de informes, deduje que formaba parte de alguno de nuestros equipos de control de calidad del producto. Estaba mirando uno de los informes cuando ella dobló la esquina y me vio.

—Oh, señor Callum —dijo desconcertada, deteniéndose en seco y llevándose las manos a la cara—. Lo siento. Lamento muchísimo este desorden. De verdad, no suele estar así.

Era evidente que la había sorprendido desprevenida. Probablemente yo era la última persona que hubiera esperado ver en su puesto de trabajo.

—No te preocupes por eso. De todos modos, no es nada comparado con mi despacho. Y por favor, llámame Tom.

La confusión reflejada en su rostro era patente. Era obvio que no se le ocurría qué decir ni qué hacer a continuación. Se limitó a quedarse parada en la entrada del cubículo, temblando.

—Yo..., esto..., he venido a disculparme, Joyce, por haberte tratado tan mal por lo de la sala de conferencias. Fue muy poco profesional por mi parte. Lo siento.

—Oh, señor Callum, yo... me lo tuve bien merecido, de verdad. Nunca debí haber borrado sus notas. Me siento fatal por haberlo hecho. Casi no he dormido en una semana.

—Bueno, creo que probablemente hubiera podido manejarlo de una manera que no te hubiera quitado el sueño.

Joyce esbozó una sonrisa que venía a decir: «Oh, no tenía que hacer tal cosa», y bajó la mirada, arrastrando la punta del pie por el suelo. Había dejado de temblar.

Eran las 12.30. Disponía de unos 20 minutos antes de que tuviera que emprender el camino de vuelta para continuar con Bud. Me sentía bastante bien y decidí llamar a Laura.

—Laura Callum —dijo la voz al otro extremo de la línea.

—Hola —saludé.

—Tom, solo dispongo de un segundo. ¿Qué quieres?

—Nada. Únicamente quería saludarte.

—¿Va todo bien? —preguntó ella.

—Sí, muy bien.

—¿Estás *seguro*?

—Sí. ¿Acaso no puedo llamarte para decirte hola sin que me interrogues?

—Bueno, no es que llames muy a menudo. *Algo* debe de pasar.

—No, no pasa nada. Nada en absoluto.

—Está bien, si tú lo dices.

—Vamos, Laura. ¿Por qué lo haces todo tan difícil? Solo llamaba para ver cómo estás.

—Bueno, estoy bien. Y gracias por preocuparte, como siempre —dijo en un tono que rezumaba sarcasmo.

Todo lo que Bud había dicho aquella mañana de pronto se me antojó demasiado ingenuo y simplista. La caja, el autoengaño, las personas o los objetos..., todas aquellas ideas podrían aplicarse en algunas situaciones, pero no en esta. Y aunque se pudieran aplicar, ¿a quién le importaba?

—Estupendo. Es sencillamente estupendo. Espero que pases una tarde genial —repuse, utilizando el mismo tono sarcástico que ella, y añadí—: Y espero que seas tan jovial y comprensiva con todo el mundo como lo eres conmigo.

La comunicación se cortó de golpe.

No me extraña, estoy dentro de la caja, pensé mientras colgaba el teléfono. *¿Quién no lo estaría, casado con alguien así?*

Regresé al Edificio Central con muchas preguntas rondándome por la cabeza. *En primer lugar: ¿y si alguien más está en la caja?, ¿qué hacer entonces? Como con Laura; da igual lo que yo haga. Llamé solo para hablar con ella. Y en ese momento yo también estaba fuera de la caja. Pero luego, de improviso, me lanzó un golpe bajo, igual que hace siempre. Es ella la que tiene un problema. Da igual lo que yo haga. Y aunque yo esté* dentro *de la caja, ¿qué?, ¿qué podría esperar?*

De acuerdo, he tenido un par de buenas experiencias con Sheryl y Joyce. ¿Pero qué más van a hacer? En fin, soy yo quien dirige el departamento. Ellas tienen que cumplir con su obligación. ¿Y qué importa si Sheryl se puso a llorar? ¿Por qué iba a ser culpa mía? Ella tiene que ser más fuerte. Es comprensible que alguien tan débil se ponga a llorar o, al menos, yo no debería sentirme culpable si lo hace.

Mi cólera iba en aumento a cada paso que daba. *Esto es una pérdida de tiempo*, pensé. *Es todo tan ingenuo. En un mundo perfecto puede valer. ¡Pero maldita sea, esto es una empresa!*

Justo entonces, oí que alguien pronunciaba mi nombre. Me volví en dirección de donde procedía la voz. Y para mi sorpresa, Kate Stenarude venía hacia mí atajando por el césped.

SEGUNDA PARTE

Cómo entramos en la caja

9

Kate

Me había encontrado con Kate solo una vez. Ella había sido la última de mis ocho entrevistadores durante el proceso de selección. Me había caído bien de inmediato, algo que, como había descubierto desde entonces, les sucedía habitualmente a casi todas las personas de la empresa. Su historia era en cierta manera la historia de Zagrum, y como la historia de la empresa, la de Kate se contaba y se transmitía a los nuevos empleados. Se había incorporado a la empresa 25 años atrás nada más terminar la universidad con una licenciatura en historia. Fue una de los primeros 20 empleados de Zagrum y empezó tomando pedidos. En aquellos tiempos, el futuro de Zagrum parecía sumido en constantes dudas. Al cabo de cinco años, Kate, para entonces directora de ventas de la empresa, se marchó en busca de una mejor oportunidad, y solo una desesperada petición personal de última hora de Lou Herbert hizo que cambiara de idea. Desde entonces, y hasta la jubilación de Lou, Kate había sido la segunda al mando en Zagrum. Cuando Lou se jubiló, fue ascendida a presidenta y directora general.

—Hola, Tom —dijo, ofreciéndome la mano—. Me alegro de volver a verte. ¿Te trata bien la vida?

—Sí, no puedo quejarme —respondí, tratando de ignorar por el momento tanto mi sorpresa por encontrármela como el desastre que era mi vida familiar—. ¿Y tú qué tal?

—Sin un momento para aburrirme, me temo —contestó con una risita.

—Me parece increíble que te acuerdes de mí —dije.

—¿Cómo me iba a olvidar de otro fanático de los Cardinals de San Luis? Eso nunca. Y además, me dirigía a reunirme contigo.

—¿Conmigo? —pregunté con incredulidad, señalándome a mí mismo con el dedo.

—Sí. ¿No te ha dicho nada Bud?

—No. O, al menos, creo que no. Me parece que de *eso* me acordaría.

—Bueno, puede que Bud quisiera que fuera una sorpresa. Supongo que se la he fastidiado —dijo con una sonrisa burlona, al parecer como si no lo lamentara—. Aunque no suelo participar en estas sesiones, procuro hacerlo siempre que mi agenda me lo permite. Es lo que más me gusta de todo.

—¿Reuniones interminables para hablar de los problemas relacionales de la gente? —pregunté, tratando de hacerme el gracioso.

—¿Es eso de lo que crees que va esto? —replicó, con una leve sonrisa en los labios.

—No, solo estaba bromeando. En realidad ha sido bastante interesante, aunque tengo algunas dudas al respecto.

—Bueno. Confiaba en que las tuvieras. Y estás con la persona adecuada. No hay nadie mejor que Bud para aprender de qué va todo esto.

—Pero tengo que confesar que me asombra que tanto tú como Bud vayáis a dedicarme vuestra tarde. Quiero decir, ¿no tenéis nada más importante que hacer?

Kate se detuvo súbitamente. Y, también tan súbitamente, deseé reformular mi pregunta.

Ella me miró muy seria.

—Tal vez esto te parezca raro, Tom, pero realmente no hay nada más importante que esto, al menos desde nuestro punto de vista. Casi todo lo que hacemos en Zagrum, desde nuestras formulaciones del trabajo hasta nuestros procesos de información y las estrategias de identificación de métricas, está basado en lo que estás aprendiendo ahora.

¿Y qué tiene esto que ver con las métricas?, me pregunté. No acababa de ver la conexión.

—Aunque no espero que ya hayas podido captar la seriedad de todo esto. No has hecho más que empezar. No obstante, me parece que sé a que te refieres —continuó, reanudando el paso, aunque más lentamente que antes—. Parece un poco exagerado tenernos tanto a Bud como a mí ocupados contigo esta tarde. Y lo cierto es que es exagerado. Yo no tendría que estar aquí. Además, a Bud se le da mucho mejor que a mí explicarlo todo. Es solo que me gusta tanto esta materia que si pudiera, si no tuviera el resto de responsabilidades que normalmente me atan, asistiría a cada una de estas reuniones. ¿Quién sabe? Quizás algún día podría quitarle esa responsabilidad a Bud y asumirla yo misma —dijo, riéndose ante la idea—. Hoy es una de esas raras ocasiones en que puedo asistir, aunque quizá tenga que irme un poco antes.

Caminamos en silencio durante un momento. Entonces dijo:

—Cuéntame cómo te ha ido hasta el momento.

—¿En mi trabajo?

—En tu trabajo…, sí, aunque en realidad me refiero a tu experiencia de *hoy*. ¿Cómo te ha ido?

—Bueno, aparte de enterarme de que estoy dentro de la caja, todo va muy bien —respondí, con una gran sonrisa.

Kate se echó a reír.

—Sí, sé a qué te refieres. Pero no te lo tomes muy a pecho. Bud también está dentro de la caja, ¿sabes? —dijo con una dulce sonrisa y dándome un ligero toque en el codo—. Y, ya puestos, yo también lo estoy.

—Si de todas maneras todo el mundo está dentro de la caja —observé—, incluso las personas de éxito como tú y Bud, entonces, ¿qué objetivo tiene todo esto?

—La cuestión es que, aunque en ocasiones estemos dentro de la caja, y probablemente siempre lo estaremos en cierta medida, nuestro éxito ha surgido gracias a las ocasiones en que hemos estado *fuera* de ella en la empresa. No tiene nada que ver con la perfección. Consiste solo en poder mejorar, mejorar en aspectos concretos y sistemáticos que mejoren el resultado final de la empresa. Esa clase de mentalidad de liderazgo, a todos los niveles de la organización, es lo que nos diferencia.

»En parte, la razón de que acuda a estas sesiones cuando puedo —añadió— es para recordar algunas cosas. La caja puede ser un lugar lleno de trampas. Al terminar el día lo comprenderás mucho mejor.

—Pero ahora mismo hay algo que me tiene confundido, Kate.

—¿Solo una cosa? —me preguntó sonriendo mientras subíamos las escaleras hasta el tercer piso.

—Bueno, puede que haya más de una, pero aquí tienes una para empezar: si en realidad hay dos maneras de ser (la de estar fuera de la caja, donde veo a los demás como personas, y la de estar dentro de la caja, donde veo a los demás como objetos), ¿qué es lo que te hace ser de una manera o de otra? —Estaba pensando en Laura y en lo intratable que era—. Vaya, estoy pensando en una situación en la que es imposible estar fuera de la caja con respecto a alguien. Verdaderamente imposible.

Me pareció que debía elaborar más la idea o la cuestión, fuera lo que fuera, pero no se me ocurrió qué más decir, así que me interrumpí.

—Creo que quizá Bud debería intervenir para contestar esa pregunta —respondió—. Ya hemos llegado.

10

Preguntas

—Hola, Tom —me saludó afectuosamente Bud cuando cruzamos la puerta—. ¿Has almorzado bien?

—Han sucedido tantas cosas que no tuve tiempo de almorzar —respondí.

—¿En serio? Me muero de ganas de que me lo cuentes todo... Hola, Kate.

—Hola, Bud —dijo ella, dirigiéndose al pequeño frigorífico con zumos—. Lamento haberte estropeado la sorpresa.

—En realidad, no era mi intención que tu aparición fuera una sorpresa. Es solo que no estaba seguro de si podrías venir, así que no quise que Tom se preocupara por nada. Me alegra que hayas podido venir. —Se dirigió a la mesa de reuniones—. Sentémonos y vayamos al grano. Vamos un poco retrasados.

Me dirigí a la misma silla en la que me había sentado esa mañana, de espaldas a la ventana y cerca del centro de la mesa de reuniones. Cuando lo hice, Kate, que estaba estudiando la sala, sugirió que nos acercáramos más a la pizarra. ¿Quién era yo para discutírselo?

Kate se sentó en la silla más próxima a la pizarra en el otro lado de la mesa y yo ocupé la situada enfrente de ella, todavía de espaldas a la ventana. La presidenta le hizo un gesto a Bud para que se sentara entre los dos en la cabecera de la mesa, de espaldas a la pizarra.

—Adelante, Bud. Tú presides.

—Confiaba en que tomaras el relevo. A ti se te da mejor hacer esto —dijo él.

—Ah, no, no se me da mejor. Intervendré de vez en cuando, pero este es tu espectáculo. Estoy aquí para animarte... y aprender de nuevo algunas cosas.

Bud se sentó como se le indicaba y ambos sonrieron, a todas luces disfrutando de la amistosa cháchara.

—Bien, Tom. Antes de que pasemos a nuevas cosas, qué tal si repasas lo que hemos hecho hasta ahora para que lo oiga Kate.

—De acuerdo —dije, tratando de ordenar rápidamente mis ideas.

Repasé para Kate lo que Bud me había enseñado sobre el autoengaño: cómo, en un momento dado, estamos dentro o fuera de la caja respecto a los demás; cómo, citando los ejemplos de los vuelos de Bud, podemos realizar aparentemente cualquier comportamiento estando dentro o fuera de la caja. Pero estar dentro o fuera implica una gran diferencia respecto a la influencia que ejercemos en los demás.

—Bud ha sugerido —continué— que el éxito de una organización se define en función de si estamos en la caja o no; y que nuestra influencia como líderes depende de lo mismo.

—Y no sabes cuánto estoy convencida de eso —terció Kate.

—Creo que yo también empiezo a darme cuenta —convine, con ánimo de ser agradable—. Pero Bud también dijo que esta cuestión de si estamos dentro o fuera de la caja constituye el núcleo de la mayor parte de los problemas que afectan a las personas en las organizaciones. Debo admitir que todavía no estoy absolutamente seguro de *tal cosa*. Y de camino aquí dijiste que los sistemas de evaluación y de elaboración de informes de Zagrum surgen de todo eso, y *la verdad* es que estoy bastante perdido en lo que se refiere a cómo podría ser eso.

—Sí, seguro que lo estás —intervino Bud, aparentemente satisfecho—. Cuando volvamos a casa esta noche, creo que habrás empezado a hacerte una idea de todo. O eso espero, al menos. Pero antes de que sigamos adelante, mencionaste algo acerca de una ajetreada hora y media desde nuestra última reunión. ¿Algo concerniente a lo que hemos estado hablando?

Asentí con la cabeza y les conté lo de Sheryl y Joyce. Bud y Kate parecieron encantados.

—Todo salió a pedir de boca —dije—. Pero luego... —Sin darme cuenta, estuve a punto de empezar a hablar de mis problemas con Laura. Me contuve a tiempo—. Luego llamé a alguien —me limité a decir.

Bud y Kate esperaron expectantes.

—Preferiría no entrar en detalles —expliqué, intentando ocultar el hecho de que tenía problemas en mi matrimonio—. Es irrelevante para lo que estamos haciendo aquí. Pero esta persona en concreto está muy metida en la caja, y solo tengo que empezar a hablar con ella para acabar dentro también. Eso fue lo que ocurrió cuando llamé. Yo estaba fuera de la caja, acababa de tener esas dos buenas experiencias y lo único que deseaba era llamar y ver cómo le iba. Pero no me lo permitió. No me dejó estar fuera de la caja. Me volvió a meter dentro de sopetón. Dadas las circunstancias, creo que hice la mejor labor que podía haber hecho. —Hubiera esperado que Bud o Kate dijeran algo al respecto, pero los dos permanecieron en silencio, como si me invitaran a continuar—. No tiene mayor importancia, la verdad —añadí—, es solo que la circunstancia me ha dejado un poco confundido.

—¿Acerca de qué? —preguntó Bud.

—Para empezar, acerca de todo este asunto de la caja —aclaré—. En fin, que, si los demás se empeñan en seguir metiéndonos en la caja, ¿qué podemos hacer nosotros al respecto? Supongo que lo que quiero saber es cómo podemos salir de la caja cuando alguien no para de meternos en ella.

Al oír esto, Bud se levantó, frotándose la barbilla.

—Bien, Tom —dijo—, desde luego que llegaremos a la forma de salir de la caja. Pero primero tenemos que saber cómo entramos en ella.

»Deja que te cuente una historia.

11

La autotraición

—Bueno, al principio te va a parecer que esta es una historia ridícula. Ni siquiera es una anécdota laboral. La aplicaremos al trabajo cuando aprendamos un poco más. De todas formas, es solo una sencilla anécdota, incluso trivial. Pero ilustra claramente cómo empezamos a meternos en la caja.

»Una noche, hace ya varios años, cuando David era todavía un bebé, me despertaron sus lamentos. A la sazón tendría unos cuatro meses más o menos. Recuerdo que miré el reloj: era alrededor de la una de la madrugada. En la urgencia del momento, tuve un impulso, una sensación, un sentimiento, la idea de que debía hacer algo como: «Levántate y atiende a David para que Nancy pueda dormir».

»Si lo piensas, esta clase de juicio es muy elemental —continuó—. Todos somos personas. Y cuando estamos fuera de la caja y vemos a los demás como tales, tenemos un sentimiento muy básico acerca de los demás; a saber, que, al igual que nosotros, tienen esperanzas, necesidades, preocupaciones y miedos. Y en ocasiones, y como resultado de este sentimiento, tenemos cierta idea de las cosas que tenemos que hacer por los demás, cosas que pensamos que pueden ayudarlas, cosas que podemos hacer por ellas, cosas que *queremos* hacer por ellas. ¿Sabes de lo que estoy hablando?

—Por supuesto, está bastante claro —dije.

—Aquella fue una de tales ocasiones: sentí el deseo de hacer algo por Nancy. Pero ¿sabes qué? Que no lo hice. Me limité a seguir en la cama, escuchando los gemidos de David.

Me pude identificar con él. En multitud de ocasiones había esperado pacientemente a ver si Todd y Laura se las arreglaban solos.

—Podríamos decir que «traicioné» mi sentimiento de lo que debía hacer por Nancy —continuó Bud—. Esta es una forma un poco fuerte de decirlo, pero me refiero simplemente a que, al obrar en contra de mi sentido de lo que era correcto, traicioné mi sentido de cómo debería estar en relación a otra persona. Así que a semejante acto lo denominamos «autotraición».

Tras decir eso, se volvió hacia la pizarra para escribir.

—¿Te importa si borro este diagrama? —me preguntó, señalando el esquema de las dos maneras de ejecutar una conducta.

—No, está bien —dije—. Ya me he quedado con la idea.

En su lugar, en la esquina superior izquierda de la pizarra, escribió lo siguiente:

«AUTOTRAICIÓN»

1. Un acto contrario a lo que siento que debo hacer por otro se llama acto de «autotraición».

—La autotraición es una de las cosas más frecuentes del mundo, Tom —añadió Kate con tranquilidad—. Podría ser útil oír algunos ejemplos más. —Miró a Bud—. ¿Te importa?

—Por favor.

—Ayer estuve en el Centro Rockefeller de Nueva York. Me metí en el ascensor y, cuando la puerta empezaba a cerrarse, vi

a alguien que doblaba la esquina a toda prisa y se dirigía corriendo al ascensor. En ese instante, sentí que debía sujetarle la
puerta. Pero no lo hice. Dejé que se cerrara, y lo último que vi
fue su brazo extendido lanzándose hacia la puerta. ¿Te ha pasado algo así alguna vez?

Tuve que admitir que sí y asentí tímidamente.

—O ¿qué te parece esto?: piensa en alguna ocasión en que
sentiste que debías ayudar a tu hijo o a tu pareja, pero decidis-
te no hacerlo. O en alguna vez en que sentiste que debías dis-
culparte con alguien, pero jamás llegaste a hacerlo. O en alguna ocasión en que sabías que tenías cierta información que le
sería útil a algún compañero del trabajo, pero te la guardaste
para ti. O en otra en que sabías que tenías que quedarte hasta
tarde para terminar algún trabajo para alguien, pero en vez de
eso te fuiste a casa, sin molestarte en decirle nada al respecto a
esa persona. Podría continuar hasta el infinito, Tom. Yo he hecho todas esas cosas, y apuesto a que tú también.

—Sí, me ha sucedido.

—Todos esos son ejemplos de autotraición, las ocasiones
en que sentimos que debemos hacer algo por los demás, pero
no lo hacemos.

Kate se interrumpió, y Bud intervino.

—Ahora piensa en ello, Tom. Es una idea que no tiene nada
de espectacular. Es casi tan simple como suena. Pero sus consecuencias son asombrosas. Y asombrosamente complicadas.
Deja que me explique.

»Volvamos a la historia del bebé que llora. Imagínate el
momento. Siento que debo levantarme para que Nancy pueda
dormir, pero luego no lo hago. Me quedé allí tumbado, al lado
de Nancy, que también estaba acostada allí.

Mientras decía esto, escribió lo siguiente en mitad de la
pizarra:

IMPULSO:
Levántate y atiende a David
para que Nancy pueda dormir
↓
ELECCIÓN → Hacerlo
↓
No hacerlo
«Autotraición»

—Bueno, en este momento, mientras estoy allí tendido escuchando a nuestro hijo quejarse, ¿cómo te imaginas que podría haber empezado a ver y a sentirme con respecto a Nancy?

—Bueno, puesto que ella no se había levantando, tal vez te pareciera que estaba siendo un poco perezosa —aventuré.

—De acuerdo, «perezosa» —admitió Bud, escribiendo la palabra en el diagrama.

—Desconsiderada —añadí—. Puede que desagradecida a todo lo que haces. Insensible.

—Estas te están saliendo con mucha facilidad, Tom —observó Bud, añadiendo mis respuestas al diagrama.

—Sí, bueno, supongo que debo tener mucha imaginación —repliqué, siguiéndole la corriente—. No podría saberlo por experiencia propia.

—No, claro que no —terció Kate—. Ni tú tampoco, ¿verdad, Bud? Puede que los dos estéis demasiado ocupados durmiendo para tener conciencia de algo de esto —dijo riéndose.

—Ajá, comienza la batalla. —Bud se rio—. Pero, gracias, Kate. Has planteado una importante cuestión sobre el sueño. —Volviéndose hacia mí, preguntó—: ¿Qué te parece, Tom? ¿Nancy estaba realmente dormida?

—Bueno…, es posible, aunque lo dudo.

—Así que crees que estaba fingiendo, haciéndose la dormida.

—Eso es lo que supondría, sí.

Bud escribió «farsante» en el diagrama.

—Espera un instante, Bud —protestó Kate—. Puede que *estuviera* dormida y, por lo que parece, probablemente debido a su agotamiento por hacerlo todo en *tu* lugar.

—Tal vez sí —admitió Bud con una amplia sonrisa—. Pero recuerda que el que estuviera dormida ahora mismo importa menos que el que yo pensara que estaba dormida. De lo que hablamos ahora es de mi percepción después de traicionarme a mí mismo. *Esa* es la idea.

—Lo sé —dijo Kate, acomodándose en su silla—. Solo me estoy divirtiendo. Si este fuera mi ejemplo, tendrías mucho que agregar al respecto.

—Así que, desde la perspectiva del momento —prosiguió Bud mirándome—, si ella solo estaba fingiendo que dormía mientras dejaba que su hijo llorara, ¿qué clase de madre supones que pensé que estaba siendo?

—Seguramente una bastante mala —dije.

—¿Y qué clase de esposa?

—Lo mismo, bastante mala, desconsiderada, que no piensa en ti lo suficiente, etcétera.

Bud escribió las dos cosas en el diagrama.

—Bueno, aquí estoy —dijo, apartándose del diagrama y leyendo lo que había escrito—. Tras haberme traicionado a mí mismo, podemos imaginar que en ese momento podría haber empezado a ver a mi esposa como perezosa, desconsiderada, irrespetuosa hacia mi persona, insensible, farsante, mala madre y mala esposa.

—Caray, Bud. Felicidades —dijo sarcásticamente Kate—. Has conseguido envilecer por completo a una de las mejores personas que conozco.

—Lo sé. Es espeluznante, ¿verdad?

—Ya lo creo.

—Y la cosa todavía empeora más —añadió Bud—. Así fue cómo empecé a ver a *Nancy*. Pero, tras haberme traicionado, ¿cómo suponéis que empecé a verme *a mí mismo*?

—Vaya, probablemente te vieras como la víctima, como el pobre tío que no podía dormir todo lo que necesitaba —respondió Kate.

—Exacto —admitió Bud, añadiendo «víctima» al diagrama.

—Y te habrías visto como un gran trabajador —abundé—. Es muy posible que el trabajo que tenías que hacer al día siguiente te pareciera muy importante.

—Excelente, Tom, eso es cierto —dijo Bud, y añadió «trabajador» e «importante».

—¿Y qué os parece esto? —preguntó después de una pausa—. ¿Y si me hubiera levantado la noche anterior? ¿Cómo suponéis que me habría visto si ese hubiera sido el caso?

—Vaya, pues como «razonable» —respondió Kate.

—Sí, ¿y qué tal esto otro? —añadió él—. ¿Quién es lo bastante sensible como para oír al niño?

No pude contener la carcajada. Por un lado, todo aquello —la manera en que Bud veía a Nancy y la manera en que se veía a sí mismo— parecía completamente absurdo e irrisorio, aunque por otro lado también demasiado habitual.

—Bueno, es evidente que *tú* eras el sensible.

—Y si yo soy sensible a las necesidades de mi hijo, entonces ¿qué clase de padre creo que soy?

—Uno *bueno* —dijo Kate.

—Sí. Y si me veo a mí mismo como todo eso —dijo, señalando la pizarra—, si me veo a mí mismo como «trabajador», «razonable», «sensible», «buen padre» y etcétera, entonces, ¿qué clase de marido pienso que soy?

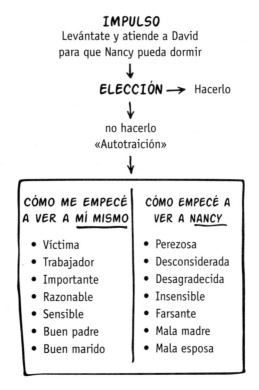

IMPULSO
Levántate y atiende a David
para que Nancy pueda dormir

↓

ELECCIÓN → Hacerlo

↓

no hacerlo
«Autotraición»

↓

CÓMO ME EMPECÉ A VER A MÍ MISMO	CÓMO EMPECÉ A VER A NANCY
• Víctima	• Perezosa
• Trabajador	• Desconsiderada
• Importante	• Desagradecida
• Razonable	• Insensible
• Sensible	• Farsante
• Buen padre	• Mala madre
• Buen marido	• Mala esposa

—Un auténtico *buen* marido, sobre todo teniendo que soportar a una esposa como la que pensabas que tenías —sentenció Kate.

—Así es —dijo Bud, añadiéndolo a la lista—. Bueno, mirad lo que tenemos.

—Reflexionemos sobre este diagrama. Para empezar, mirad cómo empecé a ver a Nancy después de traicionarme a mí mismo (como perezosa, desconsiderada, etcétera). Ahora pensad en esto: ¿estos pensamientos y sentimientos sobre Nancy me alentaron a reconsiderar mi decisión y lo que sentía que debía hacer por ella?

—De ninguna manera. —contesté.

—¿De qué me sirvieron? —preguntó Bud.

—Bueno, justificaron que no lo hicieras. Te proporcionaron las razones para seguir en la cama y *no* atender a David.

—Así es —dijo Bud, volviéndose hacia la pizarra. Añadió una segunda frase a su descripción de la autotraición.

«AUTOTRAICIÓN»

1. Un acto contrario a lo que siento que debo hacer por otro se denomina acto de «autotraición».

2. Cuando me traiciono, empiezo a ver el mundo de una manera que justifique la autotraición.

—Si me autotraiciono —continuó mientras se apartaba de la pizarra—, mis pensamientos y sentimientos empezarán a decirme que está justificado todo lo que estoy haciendo o dejando de hacer.

Bud se sentó de nuevo, y yo pensé en Laura.

—Ahora —dijo—, quiero examinar durante unos minutos *cómo* mis pensamientos y sentimientos hacen eso.

12

Características
de la autotraición

—Para empezar, pensad en esto: ¿cuándo me parece peor
Nancy: antes de traicionarme a mí mismo o después?

—Después, sin duda —dije, una vez que la pregunta me
hizo volver a la historia.

—Sí —convino Bud—, ¿y cuándo supones que el sueño
adquirió más importancia para mí: antes de traicionarme o
después?

—Supongo que después.

—¿Y cuándo crees que otros intereses (como mis responsabilidades laborales del día siguiente, por ejemplo) se me hicieron más importantes: antes de traicionarme o después?

—Una vez más, después.

Bud hizo una pausa momentánea.

—Bueno, ahí va otra pregunta: vuelve a echar un vistazo a
cómo empecé a ver a Nancy. ¿Supones que ella es tan mala
realmente como me pareció a mí después de traicionarme?

—No, probablemente no —dije.

—Respondo de Nancy —terció Kate—. La mujer descrita
ahí no guarda ningún parecido con ella.

—Eso es verdad —admitió Bud.

—De acuerdo, pero ¿y si se pareciera? —objeté—. Quiero decir, ¿y si en este caso ella fuera realmente una persona perezosa y desconsiderada, e incluso una mala madre? ¿Qué diferencia habría?

—Esa es una buena pregunta, Tom —dijo Bud, volviéndose a levantar de la silla—. Pensemos en ello un instante.

Entonces empezó a pasear de un extremo a otro de la mesa.

—Digamos simplemente, en aras del debate, que Nancy *sea* perezosa. Y supongamos que además suela ser desconsiderada. Después de todo, hay gente así. He aquí la pregunta: si fuera perezosa y desconsiderada después de traicionarme a mí mismo, entonces debería haber sido perezosa y desconsiderada antes, ¿de acuerdo?

—Sí —respondí—. Si es perezosa y desconsiderada, es perezosa y desconsiderada. Antes o después, da igual.

—De acuerdo —dijo Bud—. Pero aun siendo así, yo sentía que debía levantarme y ayudarla *aunque* ella fuera perezosa y desconsiderada. Antes de traicionarme a mí mismo, yo no veía sus defectos como razones para no ayudarla. Eso solo lo sentí *después* de traicionarme a mí mismo, cuando utilicé sus defectos como justificaciones para mi propia mala conducta. ¿Tiene lógica?

Yo no estaba seguro. Probablemente pareciese que tenía lógica, pero la discusión me hacía sentir incómodo porque tenía un ejemplo de esa situación en mi propia casa. Laura era desconsiderada, aunque quizá no perezosa. Y, sin duda, a mí me parecía que era una esposa bastante mala. Al menos, lo había sido en los últimos tiempos. Y me parecía que eso tenía relación con que ella se mereciera o no que yo la ayudara. Resultaba difícil querer ayudar a alguien que no siente nada por mí.

—Supongo que tiene lógica —admití, todavía atribulado e inseguro sobre si convenía expresar mis preocupaciones y cómo hacerlo.

—He aquí otra forma de considerarlo —dijo Bud, percibiendo mi desconcierto—. Acuérdate de lo que acabamos de hablar. Aunque Nancy sea realmente perezosa y desconsiderada, ¿cuándo supones que me habría parecido *más* perezosa y desconsiderada: antes de traicionarme a mí mismo o después?

—Bueno, sí —dije, recordando el punto anterior—. Después.

—Exacto. Así que, aunque ella *sea* perezosa y desconsiderada, lo cierto es que, cuando me encuentro traicionándome, la estoy haciendo parecer más perezosa y desconsiderada de lo que es en realidad. Y eso es algo que estoy haciendo *yo*, no algo que esté haciendo ella.

—De acuerdo, eso lo entiendo —dije asintiendo.

—Así que piensa en ello —continuó—. Aquí estoy traicionándome, y pienso que no me voy a levantar a ayudar a Nancy por culpa de cómo es, porque es perezosa, desconsiderada, etcétera. Pero ¿es esa la verdad?

Estudié el diagrama.

—No —dije, empezando a ver la situación—. Tú *crees* que es la verdad, pero no lo es.

—Correcto. La verdad es que sus defectos me parecieron que tenían relación con si debía ayudarla solo *después de que no la ayudé*. Me centré en sus defectos y los exageré cuando necesité sentir una justificación para los *míos*. Después de traicionarme a mí mismo, la verdad era justo lo contrario de lo que yo creía que era.

—Sí, supongo que es así —admití, asintiendo lentamente. Aquello se estaba poniendo bastante interesante. Aunque seguía sin tener claro cómo encajaba Laura en todo ello.

—Así fue como se distorsionó la opinión de Bud sobre Nancy —añadió Kate—, pero ten en cuenta cómo incluso su opinión de sí mismo acabó distorsionada. ¿Crees que él es tan trabajador, importante, razonable y sensible como él mismo aseguraba que era? Estaba teniendo la vivencia de ser un buen padre y marido, por ejemplo, pero ¿acaso en ese momento estaba *siendo* un buen padre y marido?

—No. Es verdad, no lo estaba siendo —corroboré—. Al mismo tiempo que estaba exagerando los defectos de Nancy, también estaba minimizando los propios. Y estaba magnificando mi propia virtud.

—Cierto —dijo Kate.

—Así que piensa en ello —dijo Bud, volviendo a la conversación—. ¿Me estaba viendo con claridad después de haberme traicionado a mí mismo?

—No.

—¿Y qué hay de Nancy? ¿*La* estaba viendo con claridad después de haberme traicionado a mí mismo?

—No. No estabas viendo nada con mucha claridad —dije.

—Así que, una vez que me hube traicionado a mí mismo, mi opinión de la realidad se distorsionó —dijo Bud para resumir, mientras se volvía hacia la pizarra. Entonces añadió una tercera frase a la descripción de la autotraición:

«AUTOTRAICIÓN»

1. Un acto contrario a lo que siento que debo hacer por otro se denomina acto de «autotraición».

2. Cuando me traiciono, empiezo a ver el mundo de una manera que justifique la autotraición.

3. Cuando veo el mundo de una manera que me justifique a mí mismo, mi visión de la realidad se distorsiona.

—Así que, Tom —prosiguió, después de hacer una pausa para leer lo que había escrito—, ¿dónde estaba yo después de haberme traicionado a mí mismo?

—¿Que dónde *estabas*? —pregunté, mientras trataba de entender la pregunta.

—Piénsalo —respondió—. Antes de traicionarme a mí mismo, simplemente veía que podía hacer algo para ayudar a Nancy. Ella era una persona con una necesidad que yo sentía que debía satisfacer. Veía la situación con claridad. Pero, después de traicionarme a mí mismo, mi visión tanto de ella como de mí mismo acabó distorsionándose. Veía el mundo de una manera que justificaba mi incumplimiento. Mi percepción se falseó de manera sistemática. Cuando me traicioné, acabé engañándome a mí mismo.

—Ah, ya lo entiendo —dije con entusiasmo—. Así que, cuando te traicionaste, entraste en la caja. Eso es a lo que te refieres. Esa es la respuesta a tu pregunta de en dónde estabas, ¿cierto?

—Exacto —dijo, y se dio la vuelta una vez más para escribir en la pizarra—. La autotraición es el medio por el cual entramos en la caja.

«AUTOTRAICIÓN»

1. Un acto contrario a lo que siento que debo hacer por otro se denomina acto de «autotraición».

2. Cuando me traiciono, empiezo a ver el mundo de una manera que justifique la autotraición.

3. Cuando veo el mundo de una manera que me justifique a mí mismo, mi visión de la realidad se distorsiona.

4. Por consiguiente, cuando me traiciono, entro en la caja.

—Basándonos en esta discusión, me parece que deberíamos añadir unos cuantos elementos de recapitulación a tu diagrama, Bud —terció Kate, mientras se levantaba para dirigirse a la pizarra.

—Por supuesto, adelante —dijo él, sentándose.

Lo primero que dibujó Kate fue una caja alrededor de la descripción de la vivencia de Bud después de traicionarse a sí mismo. Luego, escribió a un lado: «Cuando me traiciono a mí mismo, entro en la caja; acabo engañándome».

—Bueno —dijo ella, volviéndose hacia mí—, lo que quiero es, a partir de la historia de Bud, reunir y sintetizar cuatro aspectos clave de la autotraición. Y cuando lo haga, voy a relacionarlos aquí mismo en este diagrama.

»Para empezar —continuó—, ¿recuerdas cómo, después de traicionarse, Bud consideró a Nancy peor de lo que era?

—Sí. —Asentí—. Exageró sus defectos.

—Exacto.

Kate añadió: «Exagerar los defectos de los demás» al diagrama.

—¿Y qué hay de los *propios* defectos de Bud? —preguntó—. ¿Los veía con claridad después de traicionarse?

—No —respondí—. Puede decirse que ignoraba sus propios defectos y que solo se fijaba en los de Nancy.

—Eso es. —Ella añadió: «Exagerar la propia virtud» al diagrama.

»¿Y recuerdas qué pasó con la percepción de la importancia de cuestiones tales como el sueño y la imparcialidad después de que Bud se traicionara? —preguntó.

—Sí. Le parecieron más importantes después de traicionarse de lo que le parecían antes.

—Muy bien. Después de que Bud se traicionara, la percepción de la importancia de cualquier cosa en tal situación que pudiera proporcionarle la justificación de la autotraición acabó magnificándose, como, por ejemplo, la importancia del sueño, la ecuanimidad y sus responsabilidades del día siguiente.

Así que añadió al diagrama: «Exageración del valor de las cosas que justifican mi autotraición».

—Bien —dijo ella—. Una más, y luego me sentaré. ¿En qué momento de esta historia Bud empezó a *culpar* a Nancy?

Miré el diagrama.

—Cuándo se traicionó a sí mismo —respondí.

—Cierto. No la culpaba cuando solo sentía que debía ayudarla. Solo después de que se abstuviera de ayudarla.

Añadió «Culpar» al diagrama.

—Después de que me traicionara a mí mismo —intervino Bud—, contempla de qué manera toda mi experiencia se llenó de reproches. Esas cosas que aparecen en el diagrama son todas *pensamientos* que tuve sobre Nancy, pero examina lo que le sucedieron a mis *sentimientos* hacia ella después de que entrara en la caja. Por ejemplo, ¿supones que podría haberme sentido irritado?

—Por supuesto —dije.

—Pero fíjate —dijo Bud, atrayendo mi atención hacia el diagrama—. ¿Estaba irritado con ella cuando a pesar de que solo pensé que debía ayudarla?

—No.

—¿Y qué pasa con la ira? ¿Supones que me sentía furioso después de entrar en la caja?

—Claro que sí. No hay más que fijarse en la forma en que la estabas viendo. Si fuera esa la impresión que tuviera de mi esposa, estaría furioso con ella. —Mi propio comentario me sobresaltó, porque, cuando miré el diagrama, era esa la impresión que *tenía* de ella.

—Tienes razón —convino Bud—. Creo que estaba bastante enfadado por lo que consideraba una falta de sensibilidad de mi esposa hacia mi situación. Así que mis reproches no se detuvieron con mis pensamientos. Y, dentro de la caja, mis *sentimientos* también estaban reprochando, y me decían: «Estoy irritado porque eres irritante, y estoy furioso porque haces cosas que me *enfurecen*». Dentro de la caja, lo *único* que hacía era reprochar; tanto mis pensamientos como mis sentimientos me decían que Nancy era culpable.

»Y para que quede claro —continuó—, ¿*era* Nancy culpable? ¿Estaba irritado y furioso por su culpa, tal como mi irritación y mi enfado me decían? ¿Mis pensamientos y sentimientos me estaban diciendo la verdad?

IMPULSO:
Levántate y atiende a David
para que Nancy pueda dormir
↓
ELECCIÓN → hacerlo
↓
no hacerlo
«Autotraición»
↓

CÓMO EMPECÉ A VERME A MÍ MISMO	CÓMO EMPECÉ A VER A NANCY	CUANDO ME TRAICIONO A MÍ MISMO, ENTRO EN LA CAJA Y ACABO ENGAÑÁNDOME A MÍ MISMO
• Víctima • Trabajador • Importante • Razonable • Sensible • Buen padre • Buen marido	• Perezosa • Desconsiderada • Desagradecida • Insensible • Farsante • Mala madre • Mala esposa	1. Exagero los defectos del prójimo 2. Magnifico mi propia virtud 3. Exagero el valor de las cosas que justifican mi autotraición 4. Culpabilizo

Dediqué unos segundos a pensarlo. Tenía mis dudas. Se me antojaba raro que los sentimientos pudieran mentir, si era eso lo que Bud estaba sugiriendo.

—Míralo de esta manera —continuó Bud, señalando la pizarra—. ¿Qué fue lo único que sucedió en esta historia entre el momento en que no estaba irritado y furioso y el momento en que sí lo estaba?

Estudié el diagrama.

—Tu decisión de no hacer lo que sentías que debías hacer —indiqué—. Tu autotraición.

—Muy bien. Eso fue lo único que sucedió. Entonces, ¿qué fue lo que provocó mi irritación y enfado con Nancy?

—Tu autotraición … —Mi voz se fue apagando a medida que me iba perdiendo en las implicaciones de la idea.

¿De verdad? ¿Es eso cierto?

Volví a examinar el diagrama. Antes de que se traicionara a sí mismo, Bud veía a Nancy, cualesquiera que fueran sus defectos, simplemente como a una persona que podía necesitar su ayuda. Eso lo entendía. Pero después de que se traicionara a sí mismo, su mujer le parecía muy diferente. Ya no parecía *merecer* que la ayudara, y Bud pensaba que sentía eso a causa de cómo era *ella*. Pero eso no era verdad. Lo único que había sucedido entre el momento en que Bud no se encontraba irritado y furioso y el momento en que sí era algo que *Bud* había hecho —su autotraición— y no algo que hubiera hecho Nancy. ¡Así que los sentimientos de Bud le estaban *mintiendo*!

¡Pero ese no puede ser mi caso!, grité mentalmente. *La verdad es que Laura es un problema. No son solo imaginaciones mías, y bien sabe Dios que no me lo estoy inventando. En serio, no hay ternura ni afecto en ella. Es como un frío cuchillo de acero. Y conozco el dolor que infiere ese cuchillo; ella lo mane-*

ja con pericia. ¿Y Bud me está diciendo que es culpa mía? ¿Y qué pasa con Laura? ¿Por qué no es culpa suya?

La idea me sedujo. *Eso es*, me dije. *Puede que sea culpa suya. Ella es la que se está traicionando a sí misma.* Empecé a sentirme mejor.

Pero espera, me repliqué a mí mismo. *Estoy acusando. Esa idea es en sí misma una inculpación. E inculpar es algo que Bud empezó a hacer* después *de traicionarse a sí mismo, no antes.*

Ya, pero ¿y qué?, me contraargumenté. *Si Laura es la que esgrime el cuchillo, está justificado que la culpe.*

¿Pero por qué necesito sentirme justificado?

¡Ah, maldita sea! ¿Por qué me estoy cuestionando?, pensé. *Laura es la que tiene el problema.*

Pero eso es lo que también pensaba Bud, recordé.

Me sentí atrapado entre lo que creía saber y lo que estaba aprendiendo. O todo ese asunto era completamente erróneo o el equivocado era yo. Estaba hecho un mar de dudas.

Entonces vi una salida.

13

La vida dentro de la caja

Volví a mirar la pizarra.

¡Sí!, me regocijé en silencio. *Todo el problema se suscitó porque Bud traicionó algo que sentía por Nancy. Pero yo rara vez tengo esos sentimientos hacia Laura. Y la razón de que así sea es evidente: Laura es mucho peor que Nancy. Nadie sentiría que debería hacer algo por ella teniendo en cuenta cómo es. Mi caso es distinto. Bud se metió en problemas porque se traicionó. Yo no me estoy traicionando.* Me enderecé en la silla, satisfecho.

—De acuerdo, creo que lo entiendo —dije, preparado para hacer mi pregunta—. Me parece que entiendo la idea de la autotraición. Examinadme al respecto: como personas, nos damos cuenta de lo que las otras personas podrían necesitar y de cómo podríamos ayudarlas. ¿Correcto?

—Sí —dijeron Bud y Kate casi al unísono.

—Y si tengo esa clase de percepción y voy en su contra, entonces traiciono mi propio sentimiento de lo que debo hacer por alguien. Eso es lo que llamamos «autotraición», ¿estamos?

—Eso es. Sí.

—Y si me traiciono, entonces empiezo a ver las cosas de manera diferente (a los otros, a mí mismo, a mis circunstancias) y todo se distorsiona de una manera que me haga sentir bien sobre lo que estoy haciendo.

—Sí, muy bien —dijo Bud—. Empiezas a ver el mundo de una manera que te hacer sentir que la autotraición está justificada.

—Muy bien —dije—. Esto lo entiendo. Y eso es a lo que llamáis «la caja». Y cuando me traiciono entro en la caja.

—Sí.

—Muy bien. Pero he aquí mi pregunta: ¿y si no tengo ningún impulso que traicionar? Por ejemplo, ¿y si cuando el niño se pone a llorar no tengo un impulso o una sensación como la que tuviste tú? ¿Y si me limito a darle con el codo a mi esposa y le digo que vaya a consolar al niño? Según vosotros, eso no es una autotraición, y por consiguiente no estaría dentro de la caja, ¿de acuerdo?

Bud guardó silencio durante un instante.

—Esa es una pregunta importante, Tom. Y sobre la que hay que reflexionar con cuidado. En cuanto a si estarías o no en la caja, no sabría decirlo. Tendrás que pensar en las situaciones de tu vida y decidir por ti mismo. Pero hay algo de lo que no hemos hablado todavía que quizá te ayude con tu pregunta.

»Hasta el momento hemos aprendido cómo *entramos* en la caja. Llegados a este punto, estamos listos para pensar en cómo llevamos las cajas con nosotros.

—¿En cómo las llevamos con nosotros? —pregunté.

—Sí. —Bud se levantó y señaló el diagrama—. Advierte que, después de que me traicionara, me veía a mí mismo de determinadas maneras que me justificaban ante mí mismo;

por ejemplo, como «trabajador», «importante», «razonable» y «sensible», y como la clase de persona que es un «buen padre» y un «buen marido». Pero he aquí una pregunta importante: ¿Estaba tumbado allí pensando en mí de esas maneras que me justificaban ante mí mismo *antes* de haberme traicionado a mí mismo?

Pensé en la pregunta.

—No, no lo creo.

—Eso es. Esas maneras de verme que me justificaban ante mí mismo surgieron en mi autotraición, *cuando tenía necesidad de sentirme justificado.*

—Muy bien, eso es lógico —dije.

—Pero piensa en ello —prosiguió Bud—. La historia de la autotraición de la que hemos estado hablando es solo un simple ejemplo, y sucedió hace muchos años. ¿Crees que es la única vez que me he traicionado a mí mismo?

—Lo dudo —dije.

—Puedes hacer algo más que dudarlo —confesó, riéndose entre dientes.— No creo que haya pasado un día sin traicionarme a mí mismo de alguna manera, y puede que ni siquiera una hora. Me he pasado toda una vida traicionándome, como tú, Kate, y todos los demás de Zagrum. Y cada vez que me he traicionado, me he visto de determinadas maneras que me justificaban ante mí, igual que hice en la historia de la que hemos estado hablando. El resultado es que, con el tiempo, algunas de esas imágenes autojustificadoras llegan a ser *características* en mí. Son la forma que adoptan mis cajas cuando las llevo conmigo a nuevas situaciones.

Dicho esto, Bud añadió una quinta frase a la lista sobre la autotraición:

«AUTOTRAICIÓN»

1. Un acto contrario a lo que siento que debo hacer por otro se denomina acto de «autotraición».

2. Cuando me traiciono, empiezo a ver el mundo de una manera que justifique la autotraición.

3. Cuando veo el mundo de una manera que me justifique a mí mismo, mi visión de la realidad se distorsiona.

4. Por consiguiente, cuando me traiciono, entro en la caja.

5. Con el tiempo, ciertas cajas se convierten en algo característico en mí, y las llevo conmigo.

Me quedé allí sentado tratando de asimilar el significado de todo aquello, pero no estaba muy seguro de haberlo comprendido.

—Permite que te muestre lo que quiero decir. Tomemos esta imagen autojustificadora de aquí —dijo, señalando «Buen marido» en el diagrama—. Imaginemos que, a lo largo de muchas autotraiciones, esta imagen autojustificadora se haya convertido en un rasgo característico propio. Así que, a medida que avanzo por mi matrimonio y mi vida, me veo como la clase de persona que es un buen marido. ¿Estamos?

Asentí.

—Ahora piensa en esto: es el día de la Madre, y casi al final del día, mi esposa me dice, lamentándose: «Creo que hoy no has pensado mucho en mí».

Bud hizo una pausa, y yo recordé el último día de la Madre de hacía pocos meses. Laura me había dicho casi lo mismo.

—Si estoy llevando una imagen autojustificadora que dice: «Soy la clase de persona que es un buen marido», ¿cómo supones que podría empezar a ver a Nancy cuando me acusa de no pensar en ella? ¿Imaginas que podría empezar a ponerme a la defensiva y culparla?

—Oh, sin ninguna duda —dije, pensando en Laura—. La acusarías de no darse cuenta de todo lo que *haces* ni de reconocértelo, por ejemplo.

—En efecto. Así que ¿podría acusarla de ser una desagradecida?

—O incluso de algo más que eso —añadí—. Podrías sentirte atrapado por ella. Es decir, ahí la tienes, acusándote de ser un insensible, cuando es ella la que casi nunca se preocupa por *ti*. Es complicado que te lances a prepararle un día fantástico, cuando para empezar ella misma jamás hace nada para que desees hacer tal cosa. —Me callé de golpe cuando sentí el frío viento de la vergüenza azotando mi alma. La historia de Bud me había transportado a mis propios problemas, y mi indiscreción había permitido que Bud y Kate vislumbraran la crudeza de mis emociones hacia Laura. Me maldije y decidí mostrar más indiferencia.

—Es cierto —dijo Bud—. Sé muy bien a qué te refieres. Y cuando es eso lo que siento hacia Nancy, ¿supones que también podría exagerar sus defectos? ¿Que podría parecerme peor de lo que en realidad es?

Yo no quería responder, pero Bud esperó.

—Sí, supongo que sí —dije con rotundidad.

—Y observa algo más —continuó él—. Mientras esos sean mis sentimientos, ¿consideraré seriamente en algún momento la queja de Nancy, la de que en verdad no había pensado en ella? ¿O me sentiré más inclinado a ignorarla?

Pensé en un interminable rosario de altercados con Laura.

—Es muy posible que no te cuestionaras demasiado —acabé diciendo sin mucho entusiasmo.

—Heme aquí —prosiguió Bud, señalando la pizarra—, acusando a Nancy, exagerando sus defectos y minimizando los propios. Así que, ¿dónde estoy?

—Supongo que en la caja —respondí a media voz, aunque discutiendo la cuestión mentalmente. (*¿Pero, qué pasa con Nancy? Puede que ella también esté en la caja. ¿Por qué no pensamos en eso?*) Y de pronto empecé a sentirme furioso con aquello, con todo.

—Sí —oí decir a Bud—, pero fíjate: ¿tenía que tener un impulso que hubiera traicionado en ese momento para estar dentro de la caja en relación con ella?

No acabé de asimilar la pregunta.

—¿Qué has dicho? —pregunté belicosamente. El tono de mi voz me pilló por sorpresa, y me volví a sentir expuesto. Mi decisión de mostrarme indiferente había durado todo un minuto—. Lo siento, Bud —me disculpé, tratando de recobrarme—. No he entendido bien la pregunta.

Bud me miró con amabilidad. Era evidente que había percibido mi ira, pero no pareció desanimarse por ello.

—Mi pregunta era: heme aquí dentro de la caja en relación con Nancy (culpándola, exagerando sus defectos, etcétera), ¿pero tenía que tener un impulso que hubiera traicionado en ese momento para estar dentro de la caja en relación con ella?

Por algún motivo, el breve intercambio de palabras y la atención que me exigió la pregunta de Bud me tranquilizaron. Pensé en la historia. No recordaba haberle oído mencionar que hubiera traicionado ningún impulso.

—No estoy seguro —respondí—. Supongo que no.

—De acuerdo. En ese momento no tenía que tener ningún impulso que hubiera traicionado para estar dentro de la caja, *porque ya estaba dentro de la caja.*

Debí de parecer un poco desconcertado, porque Kate terció en la conversación para hacer una aclaración.

—Recuerda de qué estaba hablando Bud, Tom. Con el tiempo, a medida que nos vamos traicionando a nosotros mismos, llegamos a vernos de diferentes maneras que nos justifican. Así que acabamos llevando con nosotros esas imágenes autojustificadoras a nuevas situaciones y, en la medida en que lo hacemos, *ya* entramos en las nuevas situaciones dentro de la caja. Y no vemos a las personas con claridad, como personas. En vez de eso, las vemos *con arreglo a* las imágenes autojustificadoras que hemos creado. Si las personas actúan de maneras que desafían lo afirmado por una imagen autojustificadora, entonces las vemos como amenazas. Si, por el contrario, refuerzan lo afirmado por dicha imagen autojustificadora, las vemos como aliados. Y si no le dan importancia a la imagen autojustificadora, las consideramos irrelevantes. Sea cual fuere la forma en que las veamos, para nosotros no son más que objetos. Porque ya estamos en la caja. Eso es lo que Bud quiere decir.

—Exacto —convino Bud—. Y si ya estoy dentro de la caja en relación con alguien, por lo general no tendré ningún impulso de que deba hacer algo por ese alguien. Así que el hecho de que tenga pocos impulsos de ayudar a alguien probablemente no signifique que esté fuera de la caja. Más bien puede ser señal de que esté muy dentro de ella.

—¿Así que lo que estás diciendo es que si, en general, no siento que deba hacer cosas por alguien que esté en mi vida (digamos mi esposa, Laura), probablemente se deba a que esté dentro de la caja en relación con esa persona? ¿Es eso lo que estás diciendo? —pregunté.

—No, no exactamente —respondió Bud, mientras se sentaba.— Lo que estoy diciendo es que es así para *mí* en líneas generales, al menos en cuanto a aquellos con los que tengo una mayor intimidad en mi vida. Si a ti te pasa lo mismo, en relación con Laura, por ejemplo, no lo sé. Tendrás que aclararte con eso tú solo. Pero, como norma general, deja que te sugiera lo siguiente: si parece que estás dentro de la caja en una situación dada, pero en ese momento no puedes identificar un impulso que hayas traicionado, eso es una pista de que podrías estar *ya* dentro de la caja con esa persona. Y es posible que te resulte útil preguntarte si no estás llevando contigo algunas imágenes autojustificadoras que estén siendo amenazadas.

—¿Como la de ser la clase de persona que es una buena pareja, por ejemplo? —pregunté.

—Así es. O la clase de persona que es importante o competente o trabajadora o la más lista. O ser la clase de persona que lo sabe todo o lo hace todo o que no comete errores o piensa en los demás, etcétera. Casi todo se puede pervertir y convertirse en una imagen autojustificadora.

—¿A qué te refieres con *pervertir*?

—Me refiero a que muchas imágenes autojustificadoras son, dentro de la caja, perversiones de lo que sería fantástico fuera de ella. Por ejemplo, ser una buena pareja es genial. Eso es exactamente lo que deberíamos ser para nuestras parejas. Y está muy bien pensar en los demás, y tratar de estar lo más informados que podamos en las áreas en las que trabajemos. Y así sucesivamente. Pero esas son las mismas cosas que *no* estamos siendo cuando tenemos imágenes autojustificadoras sobre ellas.

—No estoy seguro de entenderlo —reconocí.

—Bien —dijo Bud, volviendo a levantarse—, pensemos en las imágenes autojustificadoras por un instante. —Reanudó sus paseos de aquí para allá—. Por ejemplo, no cabe duda de que pensar en los demás es algo bueno, pero ¿en quién estoy pensando cuando pienso *en mí mismo* como en la clase de persona que piensa en los demás?

—Supongo que en ti.

—Exacto. Así que mi imagen autojustificadora me engaña. Me dice que estoy centrado en una cosa (en este caso, en los demás), pero al tener esa imagen, en realidad estoy centrado en mí mismo.

—Vale, muy bien —dije, mientras buscaba los defectos de su razonamiento—. ¿Pero qué hay de la imagen que mencionaste de ser inteligente o de saberlo todo? ¿Cuál es el problema con eso?

—Pensemos en ello. Digamos que tienes una imagen autojustificadora que dice que lo sabes todo. ¿Qué sentimientos te imaginas que tendrías hacia alguien que te planteara algo que fuera nuevo para ti?

—Puede que encontrara algún defecto en lo que me planteara.

—Correcto. Entonces, ¿seguiría acudiendo a ti con nuevas ideas?

—Posiblemente no.

—¿Y tú acabarías aprendiendo cosas nuevas?

—No, supongo que no. Bueno, ya entiendo lo que dices —dije bruscamente—. Mi imagen autojustificadora sobre saberlo todo puede ser lo mismo que a veces *me impida* aprender.

—Eso mismo. Así que, si tengo esa imagen autojustificadora, ¿saberlo todo es de verdad lo que más me preocupa?

—Realmente, no. Supongo que tu principal preocupación eres tú mismo, tu apariencia.

—Exacto —dijo Bud—. Esa es la naturaleza de la mayoría de las imágenes autojustificadoras.

Bud siguió hablando, pero yo ya no le estaba prestando atención. Me había perdido en mis propios pensamientos. *De acuerdo, así que puede que lleve mis cajas conmigo. Tal vez tenga algunas de esas imágenes autojustificadoras de las que está hablando Bud. Acaso esté dentro de la caja en relación con Laura. Igual Laura no es más que un objeto para mí la mayoría de las veces. De acuerdo. ¿Pero qué pasa con Laura? Todo esto parece estar diciendo que soy yo el que tiene el problema. Pero ¿qué hay del problema de ella? ¿Qué pasa con sus imágenes autojustificadoras? ¡Hablemos de eso!*

Mi enfado empezó a ir en aumento de nuevo, cuando de pronto me percaté de ello… y de algo más: me percaté de la *hipocresía* que había en mi enfado. Pues ahí estaba yo, furioso porque Laura estuviera en la caja; pero, en mi enfado con ella por estar en la caja, yo estaba en la caja. ¡Estaba furioso con ella por ser como yo! La idea me cogió por sorpresa, y al instante Laura me pareció diferente; no en el sentido de que ella ya no tuviera problemas, sino diferente en el sentido de verme a mí también con problemas. Sus problemas dejaron de parecerme una excusa para los míos.

La voz de Kate se inmiscuyó en mis pensamientos.

—Tom.

—¿Sí?

—¿Tiene lógica todo esto, Tom?

—Creo que lo he entendido, sí —dije con lentitud—. No necesariamente *me gusta*, pero lo entiendo. —Hice una pausa, todavía pensando en Laura—. Me parece que tengo trabajo que hacer.

Fue un momento interesante. Por primera vez aquella tarde, estaba absolutamente abierto a todo lo que Bud y Kate me estaban contando, abierto a la posibilidad de que tuviera un problema. Más que abierto, la verdad. *Supe* que tenía un problema y, en cierto modo, uno grande. Hasta ese momento, había tenido que claudicar ante la posibilidad de que tuviera un problema significaba que era el perdedor, que me habían derribado, y que

Laura había ganado. Pero en ese momento ya no me lo parecía así en absoluto. De una manera extraña, me sentí libre y despreocupado. Laura no había ganado, y yo no había perdido. El mundo parecía un lugar muy diferente al que me había parecido un instante antes. Me sentí esperanzado. Sorprendentemente, me sentí esperanzado en cuanto descubrí que tenía un problema.

—Sé lo que quieres decir —dijo Kate—. Yo misma tengo mucho trabajo que hacer.

—Y yo también —dijo Bud, asintiendo.

Se hizo el silencio durante un minuto o dos.

—Hay una cosa más de la que tenemos que hablar —dijo Bud—, y luego quiero que llevemos nuestra discusión de nuevo a la empresa y veamos qué significa todo esto para Zagrum.

14
Confabulación

—Hasta el momento —aclaró Bud—, hemos estado analizando la experiencia interior de alguien que está en la caja. Pero como puedes imaginar, mi caja puede tener un efecto considerable sobre los demás.

»Piénsalo —continuó, dirigiéndose a la pizarra—. Supón que este soy yo, dentro de mi caja —expuso, mientras dibujaba una caja con una figura metida dentro.

»Si estoy aquí, dentro de mi caja, ¿qué les estoy transmitiendo a los demás?

—¿Que qué estás *transmitiendo*?

—Sí

—Bueno…, supongo que los estás culpando.

—Exacto. ¿Y crees que las demás personas andan generalmente por ahí diciéndose a sí mismas: «La verdad es que hoy me siento censurable; necesito a alguien que me culpe»?

Solté una carcajada.

—Sí, eso mismo.

—Yo tampoco lo creo —dijo Bud—. Por lo general, la mayoría de las personas van por ahí pensando algo así: «Mira, no soy perfecto, pero maldita sea, lo hago lo mejor que cabe esperar dadas las circunstancias». Y, puesto que la mayoría tenemos imágenes autojustificadoras que llevamos con nosotros a todas partes, la mayoría de las personas ya tienen una actitud defensiva de entrada, siempre listas para defender sus imágenes autojustificadoras contra los ataques. Así que, si estoy dentro de mi caja, culpando a los demás, mis reproches las invita a hacer... *¿qué?*

—Supongo que tus acusaciones invita a *ellas* a entrar en la caja.

—Así es —dijo él, dibujando una segunda persona dentro de una caja—. Al acusarlos, invito a los demás a entrar en la caja, y entonces ellos me culpan a mí por culparlos injustamente. Pero dado que, mientras estoy dentro de la caja, siento que mis acusaciones están justificadas, siento que *su* acusación es injusta y los culpo todavía más. Como es natural, mientras están en la caja, ellos se sienten justificados al acusarme y sienten que mi acusación adicional es injusta. Así que *me* acusan todavía más. Y así sucesivamente. Así pues, al estar dentro de la caja, invito a los demás a que, en respuesta, estén dentro de la caja —dijo, y añadió entre las cajas sendas flechas que señalaban en ambos sentidos—. Y los demás, al estar dentro de la caja como reacción, me invitan a permanecer en la caja, de esta manera.

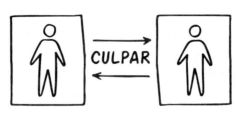

A continuación, Bud añadió una sexta frase a los principios que estaba escribiendo sobre la autotraición:

«AUTOTRAICIÓN»

1. Un acto contrario a lo que siento que debo hacer por otro se denomina acto de «autotraición».

2. Cuando me traiciono, empiezo a ver el mundo de una manera que justifique la autotraición.

3. Cuando veo el mundo de una manera que me justifique a mí mismo, mi visión de la realidad se distorsiona.

4. Por consiguiente, cuando me traiciono, entro en la caja.

5. Con el tiempo, ciertas cajas se convierten en algo característico de mí, y las llevo conmigo.

6. Al estar dentro de la caja, provoco que los demás entren en la caja.

—Puedes añadir cuantos detalles adicionales quieras a esta idea básica —terció Kate, señalando el dibujo—, y observarás que cuando alguien está dentro de la caja, siempre surge el mismo patrón de provocación mutua y justificación. Permite que te ponga un ejemplo.

»Tengo un hijo de dieciocho años que se llama Bryan. Y para ser sincera, he de decir que ha sido una lucha constante. Una de las cosas que de verdad me molesta es que a menudo llega tarde a casa.

Estaba tan ensimismado pensando en Laura, que casi me había olvidado de mis problemas con Todd. El simple hecho de pensar en él en ese momento, como consecuencia del comentario de Kate acerca de su hijo, ensombreció mi estado de ánimo.

—Ahora imagina que estoy dentro de la caja en relación con Bryan. ¿Cómo crees que lo vería a él llegando tarde a casa?

—Bien —dije—, lo verías como un irresponsable.

—De acuerdo, bien —dijo Kate—. ¿Qué más?

—Te parecería un provocador.

—Y un irrespetuoso —añadió Bud.

—Así es —convino Kate. Entonces, señalando la pizarra, preguntó—: ¿Te parece bien si borro este diagrama de la culpa, Bud?

—Desde luego.

Bud se sentó y Kate fue hasta la pizarra, donde hizo un resumen de lo que habíamos dicho.

—Muy bien —dijo ella, añadiendo algunos detalles finales a su esquema—. Así que aquí lo tenemos.

—Consideremos esta situación. Si estoy dentro de la caja y veo a Bryan como un irresponsable y un provocador irrespetuoso, ¿qué clase de cosas creéis que podría hacer?

—Bueno... —empecé a decir.

—Probablemente, castigarlo severamente —me interrumpió Bud.

Yo asentí y añadí:

—Y podrías empezar a criticarlo un montón.

—Vale, bien —dijo Kate, añadiéndolo al esquema—. ¿Algo más?

—Puede que empezaras a vigilarlo para asegurarte de que no se metiera en problemas —señalé.

Ella añadió eso al esquema y se apartó.

—Ahora supongamos que Bryan se traiciona a sí mismo, que está dentro de la caja con relación a *mí*. Si está en la caja con respecto a mí, ¿cómo creéis que podría verme a mí y a mi castigo, mi crítica y mi vigilancia?

—Es muy probable que te viera como una dictadora —dije—. O quizá nada cariñosa.

—Y fisgona —añadió Bud.

—De acuerdo, «dictadora», «nada cariñosa» y «fisgona» —repitió Kate mientras lo añadía al esquema—. Bueno —dijo—. Veamos ahora lo que tenemos.

—Si Bryan está en la caja y me ve como una dictadora, fisgona y nada cariñosa, ¿creéis que querrá estar en casa temprano o tarde?

—Ah, más tarde —dije—. *Mucho* más tarde.

—En realidad —comentó Bud—, se sentirá más inclinado a no hacer *nada* de lo que a ti te gustaría que hiciera.

—Así es —coincidió Kate, dibujando otra flecha desde la caja de Bryan a la suya—. Así damos vueltas y más vueltas —dijo, añadiendo todavía más flechas entre las cajas—. Pensad en ello: ¡nos provocamos mutuamente para hacer más de lo que decimos que no nos gusta del otro!

—Cierto, piensa en ello, Tom —dijo Bud—. Si le preguntaras a Kate qué es lo que desearía más que nada en el mundo en esta situación, ¿qué supones que te diría?

—Que querría que Bryan fuera más responsable, menos provocador, etcétera.

—Exacto. ¿Pero cuál es el efecto de lo que Kate hace dentro de la caja? ¿Anima a hacer más de lo que dice que desea?

Estudié el diagrama.

—No. En realidad, parece que invite a que se haga más de lo que dice que *no* desea.

—Correcto —convino Bud—. Lo que hace es invitar a que Bryan abunde en la misma conducta que ella dice que detesta.

Este comentario me hizo pensar en Todd, que frecuentemente hacía cosas que yo no quería que hiciera. Volví a mirar el diagrama. Por un lado, el papel de Kate en esto parecía una locura, porque parecía como si en realidad estuviera incitando a que se abundara en la misma conducta de la que se estaba quejando. Pero, por otro, ¿qué se suponía que tenía que hacer? ¿Dejar sin más que su hijo llegara tarde a casa?

—¿Pero es que acaso Kate no está haciendo lo que haría cualquier padre en esa situación? —pregunté—. A veces tienes que corregir o castigar a los hijos para conseguir que hagan lo que tienen que hacer, ¿no es así?

—¿Y crees que el que yo estuviera dentro de la caja animaba a Bryan a llegar antes a casa? —respondió Kate.

—Bueno, no —dije—, pero...

—Las críticas son bastante difíciles de aceptar incluso cuando proceden de alguien que está fuera de la caja, ¿no? —me interrumpió Kate—. Pero si provienen de alguien que está *dentro* de la caja, ¿qué probabilidades hay de que se *acepten* bien?

—Entiendo. Puede que no demasiadas.

—¿Y cuándo crees que mi castigo sería más adecuado a las circunstancias y, por consiguiente, más efectivo? —preguntó ella—. ¿Cuando estoy en la caja, magnificando los defectos de los demás, o cuando estoy fuera de la caja y las veo con claridad?

Asentí.

—Cuando estás fuera.

—Así que ya lo ves, Tom, desde dentro de la caja acabo por socavar la efectividad de todo lo que hago, aunque en este caso, por ejemplo, la disciplina sea exactamente lo que Bryan necesita. Mi caja casi garantiza que no sea capaz de alentar en Bryan los cambios que me gustaría ver en él. Y el problema no es simplemente que la caja me haga ineficaz, es que me vuelve *destructiva*. Desde dentro de la caja, termino invitando a que se abunde en la misma cosa de la que me estoy quejando, además de en otras conductas que, como Bud señaló, detestaré en la misma medida, cuando no más.

—Pero eso es una locura —dije, después de un momento de reflexión—. ¿Por qué tú, o quien fuera, habría de hacer eso? ¿Por qué mantendríamos en marcha un ciclo tan destructivo?

Kate hizo una pausa momentánea, aparentemente poniendo en orden sus ideas.

—Creo que la respuesta a eso, Tom, es que mi caja lo necesita para continuar.

—¿Cómo dices? —dije, pensativo. La respuesta me parecía carente de toda lógica.

Kate sonrió.

—Lo sé, parece absurdo, ¿verdad? ¿Quién se pondría en una posición en la que invitara intencionadamente a los demás a continuar tratándoles mal, incluso de manera lamentable? ¿Quién haría eso?

—Exacto, ¿quién haría eso? —repetí.

—Y la respuesta, Tom, es que yo lo haría. Y tú. Y Bud. Y todos los demás que están en Zagrum lo harían. Siempre que estamos en la caja, tenemos una necesidad que es satisfecha por la mala conducta de los demás. Y de esta manera nuestras cajas animan a los otros a seguir con su mala conducta, por más que esa conducta haga que nuestras vidas sean más difíciles.

—¿Cómo? ¿Por qué? —pregunté.

—Permite que te responda a esas preguntas contándote algo que ocurrió hace un año con Bryan. Un determinado viernes por la noche Bryan me preguntó si podía coger el coche. Yo no quería que lo cogiera, así que le puse como condición una hora de llegada injustificadamente temprana, una hora que no pensé que estuviera dispuesto a aceptar. «Vale, puedes cogerlo», le dije con prepotencia, «pero solo si estás de vuelta a las diez y media.» «De acuerdo, mami», dijo, mientras se apresuraba a coger las llaves del portallaves. «Por supuesto.» La puerta se cerró tras él.

»Me dejé caer en el sofá, sintiéndome agobiada y jurando que nunca más le volvería a dejar coger el coche. Así me pasé toda la noche. Y cuanto más pensaba en el asunto, más me iba enfureciendo con el irresponsable de mi hijo.

»Recuerdo haber estado viendo las noticias de la diez, sin dejar de refunfuñar en contra de Bryan ni un instante. Mi marido, Steve, también estaba en casa. Los dos estábamos quejándonos de Bryan cuando oímos un chirriar de neumáticos en el camino de entrada. Miré mi reloj: eran las diez y veintinueve. ¿Y sabes qué?

Yo la escuchaba con atención.

—Que en ese momento, al ver la hora, sentí una gran desilusión.

»Piénsalo un momento —prosiguió después de una breve pausa—. Esa noche te habría dicho que lo que más deseaba era que Bryan fuera responsable, que cumpliera su palabra, que fuera digno de confianza. Pero cuando realmente fue responsable, cuando hizo lo que había dicho que haría, cuando demostró ser digno de confianza, ¿me alegré?

—No. —Meneé la cabeza, asombrado por la idea—. Posiblemente aún siguieras irritada, ¿no? Incluso podrías haberla tomado con él por el frenazo.

—Me avergüenza admitir que hice algo igual de perverso —respondió Kate—. En cuanto entró por la puerta (después de haber llegado a la hora, no lo olvides), en lugar de darle las gracias, o de felicitarle, o de reconocerle el mérito, lo recibí con un seco: «Has llegado por los pelos, ¿no te parece?»

Kate se sentó.

—No pierdas de vista que, aunque él *fue* responsable, yo no pude dejar que lo fuera. —Hizo una pausa—. Yo seguía necesitando que él actuara mal.

Me moví en mi asiento con incomodidad cuando pensé en mi hijo.

—En ese momento te habría dicho que deseaba un hijo responsable, pero, Tom, ¿de verdad era eso lo que más deseaba? —me preguntó.

Negué con la cabeza.

—No lo parece.

—Cierto —admitió ella—. Cuando estoy dentro de la caja, hay algo que necesito más que nada. ¿Y de qué crees que se trata? ¿Qué es lo que más necesito cuando estoy metida en la caja?

Me repetí la pregunta para mis adentros. *¿Qué es lo que más necesito cuando estoy metido en la caja? ¿Qué es lo que necesito?* No estaba seguro.

Kate se inclinó hacia mí.

—*Lo que más necesito cuando estoy dentro de la caja es sentirme justificada.* La justificación es de lo que mi caja se alimenta, por así decirlo, para sobrevivir. Y si me pasé toda la noche y, de hecho, mucho más tiempo incluso que eso culpando a mi hijo, ¿qué necesitaba de mi hijo para sentirme «justificada», para sentir que «tenía razón?»

—Necesitabas que él actuara mal —dije lentamente, mientras se me hacía un nudo en el estómago—. Para sentirte justificada al culparle, necesitabas que fuera *culpable*.

En ese momento me remonté a unos 16 años atrás, cuando la enfermera me entregó un pequeño bulto, un bulto desde el que dos ojos blanquecinos me miraban a la cara. Yo no estaba preparado en absoluto para el aspecto que tendría al nacer. Amoratado, deforme y grisáceo, era una criatura de aspecto extraño, y yo era su papá.

Y casi desde ese día no había parado de lanzarle reproches a Todd. Nunca era lo bastante listo, jamás tenía la suficiente coordinación y siempre estaba estorbando. Desde que había empezado a ir al colegio, había sido un problema constante. No recordaba haberme sentido orgulloso jamás cuando alguien se daba cuenta de que era mi hijo. Él nunca había sido lo bastante bueno.

La historia de Kate me había dado un susto de muerte. *¿Qué se sentiría siendo el hijo de alguien para quien nunca eres lo bastante bueno?*, me pregunté. *Y si Kate está en lo cierto, entonces hay un sentir por el que no puedo dejarle ser lo bastante bueno. Necesito que él sea un problema para sentirme justificado siempre que lo veo como un problema.* Me sentí mal, y traté de expulsar a Todd de mis pensamientos.

—Completamente cierto —oí decir a Kate—. Tras pasarme la noche acusando a Bryan de ser una decepción, *necesitaba* que fuera una decepción, *de manera que me sintiera justificada por acusarle.*

Permanecimos sentados un rato, pensativos.

Al final, Bud rompió el silencio.

—La historia de Kate me plantea una cuestión increíble. Y no es otra que, cuando estoy dentro de la caja, necesito que la gente me ocasione problemas; *en realidad, necesito problemas.*

Por increíble que pareciera, era verdad.

Bud se levantó de la silla.

—¿Recuerdas cuando esta mañana me preguntaste si se podía dirigir realmente una empresa estando fuera de la caja permanentemente? Dijiste que tenías la impresión de que si se estaba siempre fuera de la caja, viendo a las personas como personas, uno acabaría siendo pisoteado y pasado por encima.

—Sí, lo recuerdo.

—Y luego hablamos de por qué la pregunta era errónea, porque puedes tener casi cualquier comportamiento («blando», «duro», lo que sea) tanto dentro como fuera de la caja. ¿Lo recuerdas?

—Sí.

—Bueno, ahora podemos decir algo más acerca de tu pregunta. Es una pregunta importante. Considerémosla a la luz de lo que Kate nos acaba de enseñar. Veámoslo así: ¿quién *necesita* que la pasen por encima, la persona que está *dentro* de la caja o la que está *fuera*?

—La persona que está *dentro* de la caja —dije, impresionado por la implicación.

—Exacto. Fuera de la caja no obtengo ningún tipo de provecho en ser pisoteado. No lo necesito. Y, es más, en general no le hago ningún favor a nadie permitiéndole que me pase por encima. Dentro de la caja, por contra, consigo lo que más necesito cuando me pisotean: obtengo mi justificación. Consigo la prueba de que la persona que me está pisoteando es tan mala como la he estado acusando de ser.

—Pero, cuando estás dentro de la caja, *en realidad* no quieres ser pisoteado, ¿no? —pregunté—. O sea que es un poco extraño. La historia de Kate me hizo pensar en mi hijo, Todd. Laura y yo a veces nos sentimos pisoteados, pero la verdad es que no creo que ninguno de los dos *quiera* eso.

—Es cierto —respondió Bud—. No estamos diciendo que dentro de la caja *gocemos* con los problemas. Nada más lejos de la realidad; los detestamos. Cuando estamos dentro de la caja, se diría que no hay nada que deseemos más que liberarnos de ellos. Pero recuerda, cuando estamos en la caja, nos estamos engañando a nosotros mismos, estamos ciegos a la verdad sobre los demás y nosotros mismos. Y una de las cosas a las que estamos ciegos es a la manera que tiene la propia caja de socavar todos nuestros esfuerzos por obtener los resultados que creemos desear.

Bud se dirigió a la pizarra.

—Vuelve a pensar un momento en la historia de Kate. —Señaló el diagrama—. Observa que sus reproches desde dentro de la caja provocan que Bryan sea un irresponsable, y luego, cuando resulta que *es* un irresponsable, ¡ella utiliza eso como justificación por haberle acusado en un principio de ser un irresponsable! De igual manera, los reproches de Bryan provocan que Kate no pare de criticarle, y luego, cuando ella le está criticando, ¡él utiliza eso como justificación para haberla acusado en un principio de no parar de criticarle! Por el mero hecho de estar dentro de la caja, se ayudan mutuamente a generar los mismos problemas de los que él o ella culpan al otro.

—De hecho, Tom —añadió Kate—, Bryan y yo nos proporcionamos mutuamente una justificación tan perfecta, que es casi como si estuviéramos *en confabulación* para conseguirla. Es como si nos dijéramos el uno al otro: «Mira, te voy a maltratar para que puedas culparme de tu mal comportamiento conmigo si me maltratas, de manera que yo pueda culparte de mi mal comportamiento contigo». Como es natural, ni siquiera nos llegamos a decir eso, ni de hecho llegamos a pensarlo. Pero nuestra provocación y justificación recíprocas parecen tan perfectamente coordinadas que *parece* que lo hiciéramos a posta. Por esta razón, cuando dos o más personas están dentro de sus cajas, traicionándose mutuamente a sí mismas, solemos denominarlo «confabulación». Y cuando estamos confabulando, ¡en realidad lo estamos haciendo para condenarnos a nosotros mismos a un maltrato mutuo permanente!

—Y hacemos esto —volvió a intervenir Bud— no porque nos guste ser maltratados, sino porque estamos en la caja, y la caja *vive* de la justificación que se deriva de que seamos maltratados. Por consiguiente, al estar dentro de la caja se produce una curiosa ironía: por más amargamente que me queje del mal comportamiento de alguien hacia mi persona y de los pro-

blemas que eso me ocasiona, también lo encuentro extraña-
mente *agradable*. Es la prueba que tengo de que los otros son
tan censurables como he afirmado que son, y de que soy tan
inocente como afirmo que soy. El comportamiento del que me
quejo es el mismo comportamiento que me justifica.

Bud apoyó ambas manos en la mesa y se inclinó hacia mí.

—Así que, por el mero hecho de estar dentro de la caja
—dijo pausadamente y con seriedad—, estoy provocando en
los demás el mismo comportamiento que afirmo detestar de
ellos. Y luego, ellos provocan en mí la misma conducta que
dicen detestar de mí.

Bud se volvió y añadió otra frase a los principios de la autotraición:

«AUTOTRAICIÓN»

1. Un acto contrario a lo que siento que debo hacer por otro se
   denomina acto de «autotraición».

2. Cuando me traiciono, empiezo a ver el mundo de una manera
   que justifique la autotraición.

3. Cuando veo el mundo de una manera que me justifique a mí
   mismo, mi visión de la realidad se distorsiona.

4. Por consiguiente, cuando me traiciono, entro en la caja.

5. Con el tiempo, ciertas cajas se convierten en algo característico de mí, y las llevo conmigo.

6. Al estar dentro de la caja, provoco que los demás estén dentro de la caja.

7. Dentro de la caja, nos invitamos a maltratarnos mutuamente
   y obtenemos una justificación recíproca. Establecemos una
   confabulación para darnos mutuamente motivos para permanecer dentro de la caja.

—Una vez en la caja —continuó Bud, apartándose de la pizarra—, nos damos mutuamente motivos para *permanecer* dentro de la caja. Y por cierto, hacemos esto no solo maltratando a la otra persona directamente, sino también a través de comentarios sobre esa persona con los demás. Cuantas más personas podamos encontrar que estén de acuerdo con nuestra parte de la historia, más justificados nos sentiremos para creernos esa parte de la historia. Por ejemplo, podría intentar que mi esposa se uniera a mí en los reproches a mi hijo, o podría chismorrear sobre los demás para conseguir aliados en el trabajo en mi confabulación contra otra persona o departamento. Y así sucesivamente. Ya sea en casa o en el trabajo, las cajas desean expandirse para reunir más justificaciones. Y con cada maltrato (directo o indirecto), nos damos mutuamente más justificaciones para seguir dentro de la caja. Esta es la triste realidad.

Me hundí en mi silla, sufriendo de pronto por mi hijo.

—Ahora mira, Tom —dijo Bud, sentándose de nuevo—. Piensa en cómo la autotraición, y todo lo que hemos estado hablando, explica el problema del autoengaño, el problema de ser incapaz de ver que se tiene un problema. Para empezar, cuando estoy dentro de la caja, ¿quién creo que tiene el problema?

—Los demás.

—Pero cuando estoy en la caja, ¿quién tiene, de hecho, el problema?

—Tú —respondí.

—¿Pero, qué es lo que mi caja provoca en los demás?

—Provoca que se comporten mal contigo.

—Así es. En otras palabras, mi caja causa *problemas* a los demás. Provoca lo que utilizo como prueba de que no soy yo el que tiene el problema.

—Sí, tienes razón —admití.

—Entonces ¿qué es lo que haré si alguien trata de corregir el problema que ve en *mí*?

—Le opondrás resistencia.

—Exacto —dijo—. Cuando tengo un problema, creo que no lo tengo. Creo que los demás son los responsables. —Hizo una pausa momentánea y continuó—: Así que esta es la pregunta: ¿Y qué?

¿Y qué?, repetí para mí.

—¿Qué quieres decir con «Y qué»?

—Quiero decir solo eso —respondió—. ¿Por qué deberíamos preocuparnos de todo esto en Zagrum? ¿Qué tiene que ver esto con el trabajo?

15

Concentrarse en la caja

—Tiene que ver todo con el trabajo —dije, y la contundencia de mi afirmación me pilló por sorpresa.

—¿De qué manera? —preguntó.

—¿De qué manera? —respondí.

Bud se quedó esperando una respuesta.

—Bueno, para empezar —dije—, hasta donde sé, casi todo el mundo en el trabajo está dentro de la caja. Al menos, casi todos los que estaban en Tetrix.

—¿Y qué?

—¿Que y qué? —repetí, sorprendido.

—Sí, ¿y qué? —repitió.

—Bueno, si estamos en la caja, estaremos invitando a los demás a estar también dentro de la caja, y acabaremos teniendo toda clase de conflictos que interferirán en lo que estemos intentando hacer.

—¿Que es qué? —inquirió Bud.

Titubeé, dudando de a qué se refería.

—Acabas de decir que todos esos conflictos se interpondrían en el camino de lo que estemos intentando hacer —continuó Bud—. Así que mi pregunta es: ¿qué es lo que estamos intentando hacer?

—Supongo que tratamos de ser productivos.

—Ah —dijo, como si por fin hubiera encontrado lo que estaba buscando—. Así que la caja entorpece la consecución de nuestros *resultados*.

—Así es —convine.

—Pensemos en cómo hace eso —dijo—. En realidad, hay dos razones principales por las que la caja socava los resultados. La primera es la que Kate nos acaba de enseñar. Cuando estamos dentro de la caja, lo que más nos motiva es la necesidad de encontrar una justificación, y la mayoría de veces, lo que nos da la justificación está reñido con lo que más le conviene a la organización. ¿Tiene sentido?

Asentí, pensando en que era igualmente cierto, fuera una organización o una familia.

—Aquí, en Zagrum, utilizamos la expresión «enfocado en *qué*» para describir aquello en lo que una persona está enfocada en lograr. Fuera de la caja, mi foco está en los resultados; dentro de ella, por el contrario, mi foco está en la justificación. Esa es la primera razón por la que la caja siempre socava los resultados.

Parecía lógico.

—¿Y cuál es la segunda razón? —pregunté.

—Esa tiene que ver con «enfocado en *quién*» cuando estoy dentro de la caja —respondió.

—Cuando estás en la caja, estás enfocado en ti mismo, ¿no es así? —dije.

—Exacto, Tom, y mientras estoy enfocado en mí mismo, no puedo prestar toda mi atención ni a los resultados ni a las personas a las que debo proporcionar esos resultados. De hecho, si piensas en ello, muchas de las personas descritas habitualmente como centradas en los resultados lo están en todo menos en eso. Dentro de la caja, esas personas valoran los resultados por encima de todo, con el propósito de crear o conservar sus intachables reputaciones; su quién son ellos mismos. Y se nota en que, por lo general, no les parece que los resultados de los demás sean tan importantes como los suyos. Piénsalo; la mayoría de las personas no son tan felices cuando el resto de personas de la organización tienen éxito como cuando son ellas las que triunfan. Así que pasan por encima de todos tratando de conseguir solo sus *propios* resultados, con unos efectos devastadores. Puede que se den golpes en el pecho y prediquen que hay que centrarse en los resultados, pero es mentira. Dentro de la caja, estas personas, al igual que todos los demás, solo están enfocadas en sí mismas. Pero, al igual que todos los demás, al estar dentro de la caja no lo pueden ver.

—La cosa es aún peor que eso —añadió Kate—. Porque, recuerda, dentro de la caja provocamos que los demás entren en la caja, tanto a nuestro favor como en contra nuestra. Por ejemplo, nosotros y nuestros aliados retenemos información, lo cual da a los demás un motivo para hacer lo mismo. Intentamos controlar a los demás, lo cual provoca la misma resistencia que estamos intentando controlar. Ocultamos recursos a los demás, que entonces sienten la necesidad de proteger sus recursos de nosotros. Culpamos a los otros por sus retrasos, y al hacerlo, les damos motivos para que se sientan justificados al retrasarse. Y así sucesivamente.

»Y, en medio de todo eso, pensamos que todos nuestros problemas se resolverían si Jack no hiciera esto o Linda no hiciera aquello o si el departamento XYZ se limitara a rectificar o si la empresa supiera lo que hace. Pero todo es mentira. Es una mentira por más que Jack, Linda, el departamento XYZ y la empresa *tengan* que mejorar, lo cual sin duda tienen que hacer. Porque cuando los culpo, yo no lo estoy haciendo porque ellos tengan que mejorar; los culpabilizo porque sus carencias justifican *mi* falta de mejora.

»Así que —continuó— una persona de una organización, por estar dentro de la caja y no centrarse en los resultados, provoca que sus colegas tampoco se centren en los resultados. La confabulación se extiende por doquier, y el resultado es que los compañeros de trabajo se posicionan contra los colegas, los grupos de trabajo contra otros equipos de trabajo, unos departamentos contra otros departamentos. Las personas que se unieron para contribuir al éxito de una organización, en realidad acaban regocijándose mutuamente de sus fracasos y despreciando los éxitos ajenos.

—Es una verdadera locura —dije con asombro—. Pero he visto de lo que estáis hablando desde el principio. Tetrix estaba plagada de esa clase de situaciones.

—Así es. Piensa en esto —terció Bud—. ¿Cuándo eras más feliz, cuándo Chuck Staehli tenía éxito o cuando fracasaba?

La pregunta me pilló desprevenido. Lo que había querido decir era que lo había visto en *los demás* desde el principio. Staehli *era* un *verdadero* problema; no me lo había inventado. Chuck ocasionaba todo tipo de dificultades: conflictos, trabajo en equipo deficiente, etcétera.

—Yo, esto…, no lo sé —confesé débilmente.

—Bien, tal vez podrías pensar un poco en ello. Cuando se trata de gérmenes, el mero hecho de que otro esté enfermo no significa que yo *no* lo esté. En realidad, cuando estoy rodeado de personas enfermas, hay muchas probabilidades de que yo mismo acabe enfermo.

Se interrumpió y me miró durante un instante.

—¿Te acuerdas de Semmelweis?

Asentí con la cabeza.

—El médico que descubrió la causa del alto índice de mortalidad en la sala de maternidad.

—Eso es. En este caso, eran los propios médicos (las personas que se concentraban en las enfermedades y los problemas de *los demás*) los que propagaban la morbilidad. De resultas de ello, la fiebre puerperal, con su diversidad de síntomas, se propagaba de manera desenfrenada, cobrándose una víctima tras otra. Y todo por culpa de un simple germen del que nadie tenía noticia, en especial aquellos que los portaban.

Bud se levantó y se dirigió a la pizarra.

—Lo que sucede en las organizaciones es similar. Permite que te muestre lo que quiero decir.

16

Problemas en la caja

—¿Te acuerdas de mi experiencia en San Francisco? —me preguntó Bud.

—Sí.

—¿Recuerdas los problemas que tuve allí? ¿Que no estaba implicado ni comprometido y estaba dificultando las cosas a los demás?

—Sí, lo recuerdo.

Bud borró todo lo que se había escrito junto al diagrama de la autotraición. Entonces escribió lo siguiente:

Falta de compromiso

Falta de implicación

Provocación

—De acuerdo, estos son algunos de los problemas que tuve en San Francisco —dijo, mientras se apartaba de la pizarra—. Mis «síntomas», por así decir. Pero añadamos a esta lista todas las clases de problemas que se nos ocurran. ¿Cuáles son algunos otros problemas personales frecuentes dentro de las organizaciones?

—Conflictividad —dije—. Falta de motivación.

—Estrés —añadió Kate.

—Trabajo en equipo deficiente —indiqué.

—Un momento —dijo Bud, escribiendo frenéticamente—. Que estoy tratando de anotarlos todos. Vale, adelante. ¿Qué más?

—Cotilleos, problemas de coordinación, falta de confianza —dijo Kate.

—Falta de responsabilidad —apunté—. Mala actitud. Problemas de comunicación.

—Muy bien, excelente —dijo Bud, mientras terminaba de escribir las últimas—. Es una lista bastante buena. Ahora echemos un vistazo y comparémosla con la historia que conté antes en la que no me levanté para atender a mi hijo.

IMPULSO
Levántate y atiende a David
para que Nancy pueda dormir
↓
ELECCIÓN → Hacerlo
↓
No hacerlo
«Autotraición»
↓

CÓMO EMPECÉ A VERME A MÍ MISMO	CÓMO EMPECÉ A VER A NANCY
• Víctima	• Perezosa
• Trabajador	• Desconsiderada
• Importante	• Desagradecida
• Razonable	• Insensible
• Sensible	• Farsante
• Buen padre	• Mala madre
• Buen marido	• Mala esposa

Falta de compromiso
Falta de implicación
Provocación
Conflictividad
Falta de motivación
Estrés
Trabajo en equipo deficiente
Cotilleo/mala actitud
Falta de coordinación
Falta de confianza
Falta de responsabilidad
Problemas de comunicación

—Observa: ¿Tenía algún problema de compromiso o implicación después de traicionarme a mí mismo?

—Sí —respondí.

—Pero ¿y *antes*? ¿Tenía un problema de compromiso o de implicación nada más sentir el impulso de levantarme y atender a David para que Nancy pudiera dormir?

—No —dije.

—¿Y qué hay de dificultar las cosas a los demás? ¿Le estaba dificultando más las cosas a Nancy cuando sentí que tenía que ayudarla?

—No —respondí—, solo después de haberte traicionado.

—Correcto. ¿Y que hay del enfrentamiento y el estrés? ¿Cuándo supones que estaba más estresado, cuando sentí que debía ayudar a Nancy o después de traicionarme y de que exagerara la importancia de las cosas que tenía que hacer al día siguiente?

—Bueno, después de traicionarte, sin duda. Y lo mismo pasa con el conflicto. No entraste en conflicto con Nancy antes de que te traicionaras, solo después.

—Así es —dijo Bud, mostrando su conformidad—. Puedes seguir bajando por todos estos problemas personales, y lo que hallarás es que todos se dieron después de que me traicionara a mí mismo, pero no antes.

Hizo una pausa, dándome la oportunidad de analizar la lista y verlo por mí mismo. Entonces dijo:

—Lo que significa que...

—No estoy seguro de entenderte.

—Bueno, yo tenía todos estos problemas personales después de traicionarme, pero no antes. Lo cual significa que...

—Lo cual significa... *Vaya*. Lo cual significa que fueron provocados por tu autotraición —dije finalmente.

—Exacto, Tom. No tenía esos problemas antes de que me traicionara a mí mismo, solo después. Así que la solución al problema de la autotraición *es* la solución a todos esos problemas personales.

Volvió a interrumpirse, dándome tiempo para que asimilara la idea. Entonces continuó:

—¿Recuerdas cómo dije que, al igual que el descubrimiento médico de Semmelweis, la solución al autoengaño equivale a una especie de teoría de unificación, una teoría que demuestra que los diferentes y dispares problemas que denominamos «problemas de relación personal» en realidad tienen todos la misma causa?

—Sí, lo recuerdo.

—Bueno, esto es lo que quiero decir. Está aquí mismo —dijo, señalando el diagrama—. Esta sencilla historia muestra cómo se produce. La autotraición es el germen que genera la enfermedad del autoengaño. Y, al igual que la fiebre puerperal, el autoengaño presenta múltiples síntomas, desde la falta de motivación y compromiso hasta el estrés y la mala comunicación. A causa de estos síntomas las organizaciones mueren o quedan gravemente incapacitadas. Y eso ocurre porque los que portan el germen no saben que lo transportan.

Reflexioné un momento sobre la importancia de lo que acababa de oír, estudiando el diagrama.

—¿Pero sucede siempre igual en la empresa? Quiero decir que, después de todo, tu ejemplo hace referencia a no haberte levantado para atender a un bebé. Eso no es lo que sucede en el trabajo.

—Es cierto —admitió él—. Tienes razón en que la gente no se traiciona a sí misma en el trabajo de esta manera; nadie deja de atender a un bebé. Sin embargo, muchas personas no hacen cosas por los compañeros de trabajo que sienten que deberían hacer, y cada vez que sucede esto se sienten justificadas, igual que en este ejemplo. Cada vez que nos traicionamos a nosotros

mismos, entramos en la caja, y es indiferente que nos traicione-
mos a nosotros mismos en casa, en el trabajo, en la tienda o
donde sea. La caja (el autoengaño) provocará por sí misma
todas las mismas clases de problemas en cada una de esas situaciones que las que ocasionó en esta.

»Pero hay algo más —continuó—. Hay una determinada
autotraición en la que, en mayor o menor medida, incurre casi
todo el mundo en el trabajo; una traición que está relacionada
con la finalidad misma por la que nos contrataron: la de con-
centrarnos en ayudar a la organización y a su gente a alcanzar
los resultados. La clave para resolver la mayoría de los problemas de relaciones personales que afligen a las organizaciones
estriba en descubrir la manera en que podamos resolver esta
crucial autotraición en el ámbito laboral.

—¿Y cómo se *hace*? —pregunté con impaciencia.

—Ah, todavía no estamos suficientemente preparados para
saberlo. Primero tenemos unas cuantas ideas más que considerar. Pero tal vez debamos tomarnos un descanso antes de entrar en la cuestión.

Kate miró su reloj.

—Me temo, chicos, que voy a tener que dejaros. Tengo una
cita con Howard Chen a las cuatro y media. Ojalá no fuera
así. Tom —dijo, levantándose de la silla y ofreciéndome la
mano—, ha sido un verdadero placer pasar este rato contigo. Te
agradezco la seriedad con que te estás tomando esto. Como dije
antes, no hay nada más importante para los que estamos aquí que
lo que estás aprendiendo. Es la iniciativa estratégica número uno
de Zagrum. Comprenderás su significado en cuanto te metas en lo
que viene a continuación.

»¿Qué tienes pensado? —dijo, volviéndose hacia Bud—.
¿Vais a intentar acabar con los conceptos básicos esta noche?

—Si es así, nos iremos un poco tarde. Tom y yo tenemos que hablarlo.

—Me parece bien —dijo Kate mientras empezaba a caminar hacia la puerta—. A propósito, Tom —dijo, volviéndose hacia mí—. Me *fui* de Zagrum en una ocasión. Entonces era una empresa muy diferente.

—¿Y por qué te fuiste? —pregunté.

—Por culpa de Lou Herbert.

No era la respuesta que yo esperaba.

—¿En serio? Pensaba que tú y Lou estabais muy unidos.

—No al principio. Entonces Lou no estaba unido a nadie. Y se fue mucha gente valiosa.

—¿Y por qué volviste?

—Gracias a Lou —dijo.

Me sentí confundido.

—¿Qué quieres decir?

—Lou descubrió esto que estás aprendiendo ahora y eso lo transformó. Y al *transformarlo*, transformó a la empresa. Cuando acudió a verme, vino a disculparse, y vino con un plan. He trabajado para Zagrum en dos períodos, pero bien podría haberse tratado de dos empresas distintas. Estás aprendiendo la necesidad de disculparse, igual que Lou. Y pronto conocerás el plan que se deriva de ello. Como te dije antes, todo lo que hacemos aquí está basado en lo que estás aprendiendo. Eso es lo que hace que esta empresa funcione.

Se interrumpió.

—Estamos encantados de que formes parte del equipo, Tom. No estarías aquí a menos que creyéramos en ti.

—Gracias —respondí.

—Y gracias *a ti*, Bud —dijo Kate, volviéndose hacia él—. Nunca dejas de asombrarme.

—No sé de qué estás hablando —respondió él, riéndose entre dientes.

—Hablo de lo que significas para la compañía y las personas que trabajan en ella. Eres como Lou después de que aprendiera a comportarse como es debido. Eres el arma secreta de Zagrum.

Kate sonrió y se dirigió hacia la puerta.

—De todas formas, gracias —dijo mientras salía—. Y seguid apoyando a los Cardinals... los dos. Sí, Bud, incluso tú —dijo, respondiendo a la mueca de él—. Bien sabe Dios que necesitan ayuda.

—Vaya —dije, sin dirigirme a nadie en particular, después de que Kate se marchara—. Me parece increíble que haya dedicado todo este tiempo a estar conmigo hoy.

—Créeme —dijo Bud—, no sabes cuánto. Tiene unas limitaciones de tiempo tremendas. Pero viene siempre que puede. Y lo hace porque en lo que estamos embarcados ahora produce más resultados para esta empresa que cualquier otra cosa que hagamos. Su asistencia es su manera de decir: «Nos tomamos esto en serio. Y si tú no te lo tomas en serio, no estarás aquí mucho tiempo».

Me dio una palmadita en la espalda.

—Y pasa lo mismo conmigo, Tom. La gente que se empeña en estar dentro de la caja no prospera aquí, y eso no es menos cierto para mí de lo que lo es para ti. Estamos juntos en esto. —Sonrió de modo tranquilizador. Sin embargo, yo solo era capaz de pensar en Todd y Laura.

—Bueno, Tom —dijo, dando a entender que cambiábamos de tema—, tenemos que tomar una decisión. Nos quedan todavía algunas horas para terminar con los conceptos básicos. Y podemos terminar esta noche o volver a reunirnos mañana, si te es posible.

Pensé en mi agenda. Tenía la tarde llena, pero podía despejar mis compromisos matinales.

—Creo que preferiría continuar mañana por la mañana.

—No está mal. Pongamos a las ocho de la mañana. Y si puedo arreglarlo, hasta puede que tenga una sorpresa para ti.

—¿Una sorpresa?

—Sí. Si tenemos suerte.

El caluroso viento otoñal agitaba mi pelo cuando giré en mi descapotable para salir de la carretera Este de Long Ridge Road y entrar en la avenida Merritt. Tenía una esposa y un hijo que necesitaban algo de atención, puede incluso que algunas disculpas. Apenas sabía por dónde empezar. Pero sabía que a Todd le gustaban los coches, un interés que yo había ridiculizado siempre que podía, por miedo a que «el hijo de Tom Callum» acabara siendo un mecánico. Y también sabía que llevaba meses sin prepararle una comida a Laura. Había decidido comprar algunas cosas para hacer una barbacoa, y sentía el deseo de aprender una o dos cosas sobre la modificación de motores.

Por primera vez en años, tenía prisa por llegar a casa.

TERCERA PARTE

Cómo salimos de la caja

17

Lou

Eran las ocho y cuarto de la mañana, y Bud todavía no estaba en la sala de conferencias. Estaba empezando a dudar de si le habría entendido bien cuando las puertas se abrieron de golpe y un señor mayor entró en la sala.

—¿Tom Callum? —preguntó con una cariñosa sonrisa, tendiéndome la mano.

—Sí.

—Encantado de conocerte. Me llamo Lou. Lou Herbert.

—¿Lou Herbert? —pregunté, estupefacto.

Había visto fotos de Lou y algunos viejos vídeos, pero su presencia fue tan inesperada que jamás le habría reconocido si no se llega a presentar.

—Así es. Perdona la sorpresa. Bud vendrá enseguida. Está revisando un par de cosas para una reunión que tenemos esta tarde.

Me quedé mudo por la sorpresa. No se me ocurría nada que decir, así que me limité a quedarme allí de pie hecho un manojo de nervios.

—Es posible que te preguntes qué estoy haciendo aquí —dijo Lou.

—Bueno, la verdad es que *sí*.

—Bud me llamó anoche y me preguntó si podía reunirme con vosotros esta mañana. Quería que explicara algunas cosas sobre mi trayectoria aquí. De todas maneras, iba a venir hoy para la reunión de esta tarde. Así que aquí estoy.

—No sé qué decir. Para mí es increíble conocerte. He oído hablar mucho de ti.

—Lo sé. Es casi como si ya estuviera muerto, ¿verdad? —dijo con una sonrisa burlona.

—Sí, supongo que es algo así —dije, riéndome entre dientes antes de que me diera cuenta de lo que estaba diciendo.

—Bueno, Tom, vamos, siéntate. Bud me pidió que empezara contigo antes de que él llegara. —Me señaló una silla—. Por favor.

Me senté en mi consabida silla de la tarde anterior, y Lou se sentó enfrente.

—Bueno, ¿cómo te va?

—¿Te refieres a ayer?

—Sí.

—Fue un día bastante alucinante, la verdad. Muy alucinante.

—*¿En serio?* Cuéntame —dijo.

Aunque llevaba con Lou solo un minuto o dos, mi nerviosismo se había evaporado. Su mirada bondadosa y su actitud amable me recordaban a mi padre, que había muerto hacía diez años. Me sentía completamente relajado en su presencia y me sorprendí deseando compartir con él mis ideas igual que solía hacer con mi padre.

—Bueno —dije—, casi no sé por dónde empezar. Ayer aprendí mucho. Pero permite que empiece por mi hijo.

Durante los siguientes quince minutos más o menos, le hablé a Lou de la mejor noche que había pasado con Laura y Todd en al menos quince años. Fue una noche extraordinaria solo porque había disfrutado de su compañía, sin que hubiera sucedido nada extraordinario que me hiciera disfrutarla. Había cocinado, me había reído y había hecho que mi hijo me enseñara a poner a punto el coche. Por primera vez en no sabía cuánto tiempo, disfruté de mi familia y me sentí agradecido por tenerla. Y por primera vez en mucho tiempo, me fui a la cama sin ningún resentimiento hacia nadie de mi hogar.

—¿Y qué pensó Laura de todo eso? —preguntó Lou.

—Creo que no sabía qué pensar. No paró de preguntarme qué estaba pasando, hasta que finalmente tuve que contarle lo que había aprendido ayer.

—Ah, así que intentaste enseñarle, ¿no?

—Así es, y fue un desastre. Creo que tardé solo como un minuto en sumirla en un mar de confusión. «La caja», «la autotraición», «la confabulación»… Menudo picadillo hice con las ideas, no me podía creer que lo hiciera tan mal.

Lou sonrió con aire cómplice.

—Sé a qué te refieres. Oyes a alguien como Bud explicar todo esto y te parece la cosa más sencilla del mundo, pero lo intentas hacer por tu cuenta y enseguida te das cuenta de la sutileza que encierra todo.

—Es cierto. Creo que mis explicaciones probablemente suscitaron más preguntas que las que respondieron. Pero, de todas formas, Laura se esforzó en comprenderlo.

Lou escuchaba con atención y amabilidad, entrecerrando los ojos. Y aunque no podía estar seguro, también me pareció ver aprobación en su mirada.

—Podrías preguntarle a Bud si aún lo sigue haciendo, pero en otras épocas, un par de veces al año organizábamos reuniones de formación a las que podían asistir los miembros de las familias que estuvieran interesados en aprender estas ideas. Para los empleados significaba mucho que la empresa hiciera eso por ellos. Y si se siguen haciendo, seguro que a Laura podría gustarle.

—Gracias. Lo consultaré, no te quepa duda.

En ese preciso instante, la puerta se abrió y entró Bud.

—Tom —dijo con cierta irritación—, perdón por el retraso. Tuve que ocuparme de algunos preparativos de última hora para la reunión de esta tarde con el grupo Klofhausen. Y como suele ocurrir, nunca hay suficientes últimas horas.

Dejó su maletín y se sentó a la cabecera de la mesa, entre Lou y yo.

—Bueno, Tom, tuvimos suerte.

—¿A qué te refieres?

—Me refiero a Lou, él era la sorpresa que esperaba darte. La historia de Lou es la historia de cómo este material ha transformado Zagrum, y quería que, si le era posible, te hablara de ello.

—Estoy encantado de estar aquí —declaró amablemente Lou—. Pero antes de que entremos en esa historia, Bud, me parece que deberías oír la experiencia de Tom anoche.

—Ah, claro, Tom, perdona. Háblame de tu velada.

Ignoro la razón, quizá fuese porque trabajaba para Bud y deseaba impresionarle a toda costa, pero al principio me sentí reacio a contar lo que le había contado a Lou. Pero este siguió incitándome a hacerlo —«Háblale de eso» y «Háblale de aquello»—, y enseguida me relajé y le conté a Bud todo lo relacionado con la noche anterior. Transcurridos unos diez minutos, Bud sonreía, igual que había hecho Lou.

—Eso es fantástico, Tom —dijo Bud—. ¿Qué tal estuvo Todd durante la noche?

—Más o menos como siempre, bastante callado. Esencialmente respondió a mis peguntas como hace siempre, en buena medida con «Sí», «No» y «No lo sé». Pero anoche no pareció importarme, mientras que antes eso me habría sacado de mis casillas.

—Eso me recuerda a *mi* hijo —terció Lou. Hizo una pausa mientras miraba al infinito por la ventana, como si estuviera recuperando algo de un pasado lejano—. La historia de la transformación de Zagrum empezó con él.

18

El liderazgo dentro de la caja

—Mi hijo menor, Cory, que ahora tiene casi cuarenta años, fue un chico problemático. Drogas, alcohol..., todo lo malo que se te ocurra, él lo hacía. La situación llegó a un punto crítico cuando fue detenido por vender drogas durante su último año en el instituto.

»Mi primer impulso fue negarlo. Ningún Herbert había consumido drogas jamás. Y en cuanto a venderlas..., eso era impensable. Así que empecé a moverme con decisión exigiendo que tal injusticia saliera a la luz. No podía ser verdad. Eso no tenía nada que ver con mi chico. Así que exigí un juicio completo. Nuestro abogado nos lo desaconsejó, y el fiscal del distrito ofreció un acuerdo que incluía solo 30 días de cárcel. No lo acepté. «Que me parta un rayo si mi hijo va a la cárcel alguna vez», dije. Así que nos dispusimos a empezar la batalla.

»Pero perdimos, y Cory acabó pasando un año entero en un centro de internamiento para menores de Bridgeport. En lo que a mí respecta, aquello fue una mancha para el nombre de la familia. En todo el año solo fui a visitarlo dos veces.

»Cuando regresó a casa, apenas hablábamos. Rara vez le preguntaba algo, y cuando lo hacía, Cory me respondía con algún monosílabo apenas audible. Volvió a mezclarse con malas compañías y al cabo de tres meses fue detenido de nuevo, esta vez por robar en una tienda.

»Quise afrontar la situación con tranquilidad. No me hacía ilusiones acerca de su inocencia, así que presioné para conseguir un trato con el fiscal consistente en 60 días de un programa de supervivencia en las montañas de Arizona. Cinco días más tarde, me subía a un avión en Nueva York, con Cory a cuestas, rumbo a Phoenix. Lo llevaba para que lo «enderezaran».

»Mi esposa, Carol, y yo lo dejamos en la sede central de la organización. Vimos cómo lo subían a una furgoneta con otros muchachos que se incorporaban al programa, y se alejaron hacia las montañas del centro oeste de Arizona. Luego nos acompañaron a una sala para asistir a diversas reuniones que durarían todo el día, reuniones donde se suponía que aprenderíamos cómo aquella gente iba a enderezar a mi hijo.

»Pero no fue eso lo que aprendí. Lo que aprendí fue que, cualesquiera que fueran los problemas de mi hijo, a mí también había que enderezarme. Y lo que aprendí cambió mi vida. No al principio, porque me resistí con uñas y dientes a todos sus planteamientos. «¿Quién, yo?, protestaba. «Yo no consumo drogas. No soy yo el que se ha pasado mi último año de instituto entre rejas. Yo no soy el ladrón. Soy una persona responsable, respetada, incluso presidente de una empresa.» Pero poco a poco empecé a ver la mentira que subyacía en mi actitud defensiva. Llegué a descubrir, de una manera que solo puedo describir como dolorosa y esperanzadora a la vez, que durante años había estado dentro de la caja en relación con mi esposa y mis hijos.

—¿Dentro de la caja? —pregunté en voz baja, casi entre dientes.

—Sí. Dentro de la caja —respondió Lou—. Aquel primer día en Arizona aprendí lo que tú aprendiste ayer. Y en ese momento (más o menos a la hora en que mi hijo probablemente estuviera saliendo de la furgoneta y escudriñando la solitaria naturaleza que sería su hogar durante los dos próximos meses), por primera vez en muchos años sentí un irrefrenable deseo de rodearlo con mis brazos y abrazarlo. Qué desesperada soledad y humillación debió de haber sentido. ¡Y cómo había contribuido yo a aquello! Sus últimas horas (o, de hecho, sus últimos meses y puede que incluso años) con su padre habían transcurrido envueltas en un sombra silenciosa de culpa. Fue todo lo que pude hacer para contener las lágrimas.

»Pero la cosa era todavía peor. Ese día, me di cuenta de que mi caja no solo había alejado a mi hijo, sino también a las personas más importantes de mi empresa. Dos semanas antes, en lo que la gente de la empresa llamó «la debacle de marzo», cinco de los seis miembros del equipo directivo se habían marchado en busca de «mejores oportunidades».

—¿Kate? —pregunté.

—Así es. Kate fue una de ellos.

Lou se quedó con la mirada fija en ninguna parte, aparentemente sumido en sus pensamientos.

—Cuando ahora pienso en ello me resulta alucinante —dijo, finalmente—. Me sentía traicionado por ellos de la misma manera en que me sentía traicionado por Cory. *Que se vayan a la mierda*, me dije. *Que les den a todos.*

»Estaba decidido —prosiguió— a lograr el éxito de Zagrum sin ellos. *De todas formas, no eran tan buenos*, me decía. La mayoría había estado en la empresa más o menos los seis años transcurridos desde que se la comprara a John Zagrum, y la compañía marchaba esencialmente a trancas y barrancas. *Si fueran buenos, a estas alturas nos iría mejor*, pensaba. *Que se vayan a la mierda.*

»Pero era mentira. Bueno, tal vez fuera verdad que deberíamos haber estado mejor. Pero seguía siendo una mentira, porque estaba totalmente ciego a mi contribución a nuestra mediocridad. Y como consecuencia de ello, estaba ciego al hecho de que los estaba culpando *no* por *sus* errores, sino por los *míos*. Como siempre nos ocurre, estaba ciego en mi propia caja.

»Pero recobré la vista en Arizona. Entonces vi en mí a un líder que estaba tan seguro de la brillantez de sus ideas que era incapaz de permitir la brillantez de nadie más, un líder que se sentía tan «inteligente» que necesitaba ver negativamente a sus empleados para demostrar su inteligencia, un líder tan motivado a ser el mejor que se aseguraba de que nadie más pudiera ser tan bueno como él.

Se interrumpió.

—Has aprendido lo de la confabulación, ¿verdad, Tom?

—¿Cuándo dos o más personas están dentro de sus cajas en relación con la otra respectivamente? Sí.

—Bueno, con todas aquellas imágenes autojustificadoras que me decían que era brillante, inteligente y el mejor, puedes imaginarte la de confabulaciones que estaba provocando aquí. Dentro de la caja, era una fábrica de excusas andante, tanto para mí como para los demás. Cualquier empleado que necesitase la menor justificación para traicionarse a sí mismo tenía en mí a un bufé libre de opciones.

»Por ejemplo, yo era incapaz de ver que cuantas más responsabilidades asumiera en cuanto al rendimiento de mi equipo, menos confianza sentían sus integrantes. Y entonces se resistían de todas las formas posibles: algunos se rendían y me dejaban a mí toda la creatividad; otros me desafiaban y hacían las cosas a su manera; y aun los hubo que se marcharon de la empresa definitivamente. Todas esas respuestas me convencieron aún más de la incompetencia de las personas de la empresa, así que reaccioné dictando instrucciones aún más meticulosas, creando todavía más políticas y procedimientos, etcétera. Todo el mundo entendió aquello como una prueba más de mi falta de respeto hacia ellos, y se resistieron a mí todavía más. Y así sucesivamente, moviéndonos en círculo, cada uno invitando al otro a estar dentro de la caja, y al hacerlo, proporcionándonos mutuamente la justificación para *permanecer allí*. La confabulación estaba por doquier. Éramos un desastre.

—Exactamente igual que Semmelweis —dije con estupor entre dientes.

—Ah, así que Bud te habló de Semmelweis, ¿no? —preguntó mirando a Bud, tras lo cual volvió su atención en mí.

—Así es —dije, asintiendo con la cabeza al mismo tiempo que Bud.

—Bueno, eso está bien —continuó Lou—. La historia de Semmelweis es un interesante paralelismo. En efecto, yo estaba matando a la gente de mi empresa. Nuestro índice de rotación rivalizaba con la tasa de mortalidad del Hospital General de Viena. Yo estaba transportando la enfermedad de la que culpaba a los demás. Los infectaba y luego los culpaba de la infección. Nuestro organigrama era un organigrama de cajas de conspiración. Como he dicho, éramos un desastre.

—Pero lo que aprendí en Arizona fue que el desastre era *yo*. Puesto que estaba en la caja, estaba provocando los mismos problemas de los que me quejaba. Y había espantado a las mejores personas que conocía, sintiéndome justificado en todo momento, porque estaba dentro de mi caja. Estaba convencido de que no eran tan buenos.

Hizo una pausa.

—Incluida Kate —añadió, meneando la cabeza—. No hay nadie en este planeta con más talento que Kate, pero yo no era capaz de verlo por culpa de mi caja.

»Así que, mientras estaba allí en Arizona, tenía un problema descomunal. Estaba sentado al lado de una esposa a la que llevaba subestimando veinticinco años. Para entonces 160 kilómetros de terreno infranqueable me separaban de un hijo cuyos únicos recuerdos recientes de su padre serían probablemente amargos. Y mi empresa se estaba descomponiendo; los mejores y más brillantes empleados se estaban desperdigando por el globo, emprendiendo nuevas trayectorias profesionales. Era un hombre aislado. Mi caja estaba destruyendo todo lo que me importaba.

»En ese momento, una cuestión se me antojó más importante que cualquier otra cosa en el mundo: *¿cómo podría salir de la caja?*

Hizo una pausa, y esperé a que continuara.

—¿Y cómo lo *hiciste*? —pregunté, al fin—. ¿Cómo *saliste* de la caja?

—Ya lo sabes.

19

Empezar a salir de la caja

—¿Lo sé? —Rebusqué en los recuerdos de las sesiones de la víspera. Estaba seguro de que no habíamos hablado de eso.

—Sí. Y yo también lo supe cuando me estaba preguntando cómo salir —afirmó Lou.

—¿Sí? —En ese momento me encontraba totalmente perdido.

—Piensa —respondió Lou—. Mientras estaba allí sentado, arrepintiéndome de mi comportamiento con mi esposa, mi hijo y mis colaboradores, ¿qué eran ellos para mí? En ese momento, ¿los estaba viendo como personas o como objetos?

—En ese momento, para ti eran personas —dije, y mi voz se fue apagando a medida que me sumía en mis pensamientos.

—Así es. Mis reproches, mis resentimientos y mi indiferencia habían desaparecido. Los estaba viendo como eran, y me estaba arrepintiendo de haberlos tratado como algo *inferior a* eso. Así que, en ese momento, ¿dónde estaba?

—Estabas fuera de la caja —dije en voz baja, casi como si estuviera en trance, intentando determinar lo que había hecho posible el cambio. Me sentía un poco como un espectador en un espectáculo de magia, que sin duda ve el conejo pero que no tiene ni idea de dónde ha salido.

—Exacto —convino Lou—. En el momento en que sentí el vivo deseo de estar fuera de la caja por ellos, *ya* estaba fuera de la caja en relación con ellos. Sentir ese deseo por ellos *fue* estar fuera de la caja en relación con ellos.

»Y lo mismo para ti, Tom —continuó—. Piensa en el tiempo que pasaste anoche con tu familia. ¿Qué eran ellos para ti anoche? ¿Los estabas viendo como personas o como objetos?

—Eran personas —dije, maravillado por el descubrimiento.

—Así que, si anoche estabas fuera de la caja —dijo Lou—, entonces es que ya sabías cómo salir de la caja.

—Pero no lo sé —protesté—. No tengo ni idea de cómo ocurrió. De hecho, ni siquiera supe que anoche estuviera fuera de la caja hasta que me lo acabas de señalar. Ni siquiera sabría empezar a decirte cómo salí.

—Sí puedes. De hecho, ya lo has hecho.

—¿Qué quieres decir? —Estaba totalmente desconcertado.

—Me refiero a que nos hablaste de ayer y de tu experiencia de anoche, de que fuiste a casa y pasaste la velada con tu familia. Esa historia nos enseña cómo salir de la caja.

—Pero eso es lo que quiero decir. Que no lo entiendo.

—Y esto es lo que quiero decir: que sí lo entiendes. Solo que todavía no eres consciente. Pero lo serás.

Eso me consoló un poco, pero no demasiado.

—Verás —dijo Lou—, la pregunta «¿Cómo salgo de la caja?» es, en realidad, dos preguntas. La primera es: «¿Cómo *salgo*?», y la segunda: «¿Cómo me *mantengo* fuera una vez que he salido?» La pregunta que de verdad te preocupa, me parece, es la segunda: cómo permaneces fuera. Piensa en ello, y quiero recalcar esto una vez más: cuando sientes que quieres estar fuera de la caja por alguien, en ese momento ya estás fuera. Estás sintiendo eso *porque* ya lo estás viendo como persona. Al sentir eso hacia esa persona, *ya* estás fuera de la caja. Así que en ese momento (como el momento que estás teniendo ahora y anoche), cuando ves y sientes con claridad y quieres estar fuera de la caja por los demás, lo que en realidad te estás preguntando es esto: «¿Qué puedo hacer para *permanecer* fuera de la caja en relación con ellos? ¿Qué puedo hacer para mantener el cambio que estoy sintiendo ahora?» Esa es la pregunta. Y una vez que estamos fuera de la caja, hay algunas cosas bastante concretas que podemos hacer para *permanecer* fuera, y especialmente para los fines que nos ocupan en el trabajo.

Mientras Lou hablaba, empecé a comprender qué quería decir.

—De acuerdo. Entiendo que, al sentir que quiero estar fuera de la caja por alguien, en ese momento lo estoy viendo como persona, así que, al tener ese impulso, ya estoy fuera de la caja en relación con esa persona. Eso lo entiendo. Y entiendo que, una vez que he salido de la caja, la cuestión es cómo permanecer fuera, y sin ninguna duda quiero entrar en ese tema. En especial, en lo referente al trabajo. Pero, para empezar, sigo pensando en cómo salí de la caja, en cómo mi resentimiento hacia Laura y Todd desapareció como por arte de magia. A lo mejor es que anoche solo tuve suerte. Pero cuando no tenga tanta suerte, me gustaría saber cómo salir de la caja.

—Está bien —dijo Lou, levantándose—. Haré todo lo que pueda, con la ayuda de Bud, para explicar cómo salimos de la caja.

20

Callejones sin salida

—De entrada —continuó Lou—, es útil entender cómo *no* se puede salir de la caja.

Escribió en la pizarra: «Qué no funciona dentro de la caja». Volviéndose hacia mí, dijo:

—Piensa en las cosas que intentamos hacer cuando estamos dentro de la caja. Por ejemplo, en la caja, ¿quién creemos que tiene el problema?

—Los demás —respondí.

—Cierto —dijo—, así que, por lo general, dentro de la caja gastamos mucha energía en intentar cambiar a los demás. Pero ¿da resultado? ¿Eso nos saca de la caja?

—No.

—¿Por qué no?

—Porque, para empezar, ese es el problema —afirmé—. Estoy tratando de cambiarlos porque, dentro de la caja, pienso que necesitan que los cambie.

—Pero eso no significa que nadie tenga que ser cambiado, ¿no es así? —preguntó Lou—. ¿Todos están haciendo las cosas perfectamente, entonces? ¿Es eso lo que estás diciendo, que nadie necesita *mejorar*?

Me sentí un poco idiota cuando hizo la pregunta. *Vamos, Callum*, me dije a mí mismo. *¡Piensa!* No estaba siendo lo suficientemente cuidadoso.

—No, claro que no. Todo el mundo necesita mejorar.

—Entonces, ¿por qué no el *otro* fulano? ¿Qué tiene de malo que yo quiera que *mejore*?

Buena pregunta. *¿Qué tiene eso de malo?*, me pregunté. Pensaba que eso era lo que significaba todo eso, pero en ese momento no lo tenía tan claro.

—No estoy seguro —dije.

—Bueno, míralo de esta manera. Aunque sea verdad que los demás tal vez tengan problemas que necesiten resolver, ¿son *sus* problemas la razón de que yo esté dentro de la caja?

—No. Eso es lo que crees dentro de la caja, pero es una idea equivocada.

—Exacto —corroboró Lou—. Así que, aunque tuviera éxito y la persona que intentara cambiar realmente lo hiciera, ¿resolvería eso el problema de quién está dentro de la caja?

—No, supongo que no.

—Así es, no lo resolvería, por más que la otra persona *cambiara*.

—Y la cosa es aun peor que eso —terció Bud—. Piensa en lo que hablamos ayer en relación con la confabulación: cuando estoy dentro de la caja e intento conseguir que los otros cambien, ¿los estoy invitando a cambiar como a mí me gustaría?

—No —dije—. Acabas provocando justo lo contrario.

—Completamente cierto —dijo Bud—. Mi caja acaba provocando más de la misma cosa que me propuse cambiar. Así que, si intento salir de la caja cambiando a los demás, acabo provocando que los demás me den la razón para *permanecer* dentro de la caja.

—Por consiguiente —dijo Lou, que se volvió hacia la pizarra y empezó a escribir—, intentar cambiar a los demás no da resultado.

LO QUE NO FUNCIONA DENTRO DE LA CAJA

1. Intentar cambiar a los demás

—¿Y qué pasa con que haga todo lo posible por *enfrentarme* a los demás? —preguntó Lou, dándole la espalda a la pizarra—. ¿Da eso resultado?

—Diría que no —respondí—. En esencia, es lo que solemos hacer. Pero no parece que eso me haga salir de la caja.

—Así es, no lo hace —convino Lou—. Y hay una sencilla razón para que no lo haga. «Enfrentarse» tiene el mismo defecto que intentar cambiar a la otra persona: es solo otra manera de seguir culpabilizando. Transmite los reproches de mi caja, lo cual invita a aquellos a los que me estoy enfrentando a estar dentro de *sus* cajas.

Se volvió hacia la pizarra y añadió «enfrentarse» a la lista de cosas que no daban resultado.

LO QUE NO FUNCIONA DENTRO DE LA CAJA

1. Intentar cambiar a los demás

2. Hacer todo lo posible por «enfrentarse» a los demás

—¿Y qué te parece esta? —dijo Bud mientras Lou estaba escribiendo—. Abandonar. ¿Da resultado abandonar? ¿Me sacará eso de la caja?

—Puede —dije—. Parece que a veces podría.

—Bien, pensemos en ello. ¿Dónde te parece que está el problema cuando estás dentro de la caja?

—En los demás —dije.

—Exacto. ¿Pero dónde está, *de hecho,* el problema cuando estoy en la caja?

—En mí mismo.

—Así es. Por lo que, si me marcho, ¿qué me llevo conmigo? —preguntó.

—El problema —respondí en voz baja, asintiendo—. Lo entiendo. Me llevo la caja conmigo.

—Cierto —dijo Bud—. Estando dentro de la caja, marcharse, abandonar, es solo otra manera de culpabilizar. Es solo una manifestación de mi caja. Me llevo mis sentimientos de autojustificación conmigo. Bueno, puede ser que, en determinadas situaciones, lo correcto sea irse. Pero abandonar una situación jamás será suficiente, aunque sea correcto. En última instancia, también tengo que marcharme de mi caja.

—Ya, tiene lógica —admití.

—Venga, dejad que lo añada a la lista —dijo Lou.

LO QUE NO FUNCIONA DENTRO DE LA CAJA

1. Intentar cambiar a los demás

2. Hacer todo lo posible por «enfrentarse» a los demás

3. Abandonar

—He aquí algo más a considerar —dijo Lou—. ¿Qué hay de la comunicación? ¿Dará resultado? ¿Me sacará eso de la caja?

—Se *diría* que podría —aventuré—. Quiero decir que, si no puedes transmitir, no tienes nada.

—Muy bien —dijo Lou—, pensemos en ello más detenidamente. —Miró la pizarra—. ¿De quién es esta historia de aquí sobre la autotraición; es tuya, Bud?

—Sí —dijo Bud, asintiendo con la cabeza.

—Ah, sí, veo el nombre de Nancy ahí —dijo Lou—. Muy bien, pensemos en ello. Mira aquí, Tom, la historia de Bud. Después de traicionarse a sí mismo, ahí está cómo veía a Nancy: perezosa, desconsiderada, insensible, etcétera. Bueno, la pregunta es: si intenta comunicarse con Nancy en este momento, mientras está dentro de la caja, ¿qué es lo que va a transmitir?

—Ah —dije, sorprendido por lo que pretendía sugerir—. Va a transmitirle lo que siente en relación con ella, esto es, que es todas esas cosas malas.

—Justo. ¿Y eso ayudará? ¿Es factible que Bud salga de la caja diciéndole a su esposa que es todas esas cosas terribles que está pensando de ella cuando está dentro de la caja?

—No —dije—. ¿Pero y si fuera un poco más refinado que eso? Vaya, que, con un poco de habilidad, tal vez fuera capaz de transmitirlo con un poco más de sutileza y no decírselo directamente con tanta crudeza.

—Eso es cierto —admitió Lou—. Pero recuerda, si Bud está en la caja, entonces está acusando. Es verdad que quizá podría aprender algunas aptitudes que mejoraran sus técnicas de comunicación, ¿pero crees que esas habilidades disimularían sus reproches?

—Probablemente no —dije—. Al menos no del todo.

—Eso pienso yo también —coincidió Lou—. Dentro de la caja, sea o no un comunicador hábil, lo que acabaré transmitiendo es mi caja, y ese es el problema.

Se volvió hacia la pizarra y añadió «comunicación» a la lista.

LO QUE NO FUNCIONA DENTRO DE LA CAJA

1. Intentar cambiar a los demás

2. Hacer todo lo posible por «enfrentarse» a los demás

3. Abandonar

4. Comunicarse

—En realidad —dijo, apartándose de la pizarra—, esta cuestión sobre las aptitudes es de aplicación a todas las habilidades en general, no solo a las capacidades de comunicación. Podrías considerarlo de esta manera: con independencia de la técnica que me enseñes, yo puedo estar tanto *dentro* de la caja como *fuera* de la caja cuando la ponga en práctica. Y esto plantea esta otra pregunta: «¿será la utilización de una aptitud *dentro* de la caja la manera de *salir* de la caja?»

—No —dije—, creo que no.

—Esa es la razón de que la formación técnica en áreas no técnicas suelen tener un efecto tan poco duradero —explicó—. Las aptitudes y las técnicas no son muy útiles si se ponen en práctica dentro de la caja. Tan solo proporcionan a las personas unas maneras más sofisticadas de culpabilizar.

—Y recuerda, Tom —intervino Bud—, que los problemas personales que la mayoría de las personas tratan de corregir utilizando técnicas no se deben a una falta de aptitud en absoluto. Se deben a la autotraición. Los problemas personales parecen insuperables no porque sean insolubles, sino porque las medidas habituales de este tipo no son en sí mismas ninguna solución.

—Es completamente cierto —admitió Lou—. En consecuencia —dijo, mientras se daba la vuelta y volvía a escribir—, no podemos salir de la caja simplemente poniendo en práctica nuevas aptitudes y técnicas.

LO QUE NO FUNCIONA DENTRO DE LA CAJA

1. Intentar cambiar a los demás

2. Hacer todo lo posible por «enfrentarse» a los demás

3. Abandonar

4. Comunicarse

5. Poner en práctica nuevas aptitudes o técnicas

Miré la pizarra y de pronto me sentí deprimido. *¿Qué nos queda?*, pensé.

—Hay una posibilidad más que deberíamos considerar —dijo Bud—. Es esta: ¿Y si intento cambiarme *a mí mismo, mi conducta*? ¿Puede eso sacarme de la caja?

—Parece que es lo único que *puede* sacarte —respondí.

—Esto es difícil, aunque bastante importante —Bud se levantó y empezó a pasear—. Volvamos a pensar en un par de historias de las que hablamos ayer… ¿Recuerdas el caso del que te hablé sobre Gabe y Leon en el Edificio 6?

Rebusqué en mi memoria.

—No estoy seguro.

—Gabe había probado toda clase de cosas para hacer saber a Leon que estaba preocupado por él.

—Ah, sí, ya me acuerdo.

—Pues bien —continuó él—. Gabe había modificado su conducta en relación con Leon de manera espectacular. Pero ¿dio eso resultado?

—No.

—¿Y por qué no?

—Porque, por lo que recuerdo, a Gabe no le importaba realmente Leon, y eso fue lo que Leon entendía a pesar de todos los cambios de cara al exterior de Gabe.

—Exacto. Puesto que Gabe estaba dentro de la caja en relación con Leon, cada cosa nueva que intentaba hacer dentro de su caja solo equivalía a un cambio dentro de la caja. Leon seguía siendo un objeto en todas sus iniciativas.

»Piénsalo —dijo Bud con especial énfasis—. O piensa en la historia en la que Nancy y yo estábamos discutiendo pero yo traté de disculparme y ponerle fin. ¿Te acuerdas?

Asentí con la cabeza.

—Sí.

—Es lo mismo —dijo él, sentándose—. En ese caso me cambié a mí mismo de una manera radical: cambié totalmente, de discutir a darle un beso. ¿Pero tal cambio me sacó de la caja?

—No, porque en realidad no querías hacerlo —respondí—. Seguías *dentro* de la caja.

—Y esa es precisamente la cuestión —dijo, inclinándose hacia mí—. Puesto que estaba dentro de la caja, *no podía* hacerlo en serio. Dentro de la caja, cada cambio que se me ocurra es solo un cambio en mi estilo de estar dentro de la caja. Puedo cambiar de discutir a dar un beso. Puedo cambiar de ignorar a alguien a tomarme la molestia de llenar de atenciones a esa persona. Pero todos los cambios que se me ocurran estando dentro de la caja son cambios que se me ocurren desde *dentro* de la caja, y por consiguiente solo son algo más *de* la caja, lo que, para empezar, es el problema. Los demás siguen siendo objetos para mí.

—Es cierto —terció Lou, acercándose a la pizarra—. Así que piensa en la consecuencia, Tom. No puedo salir de la caja cambiando simplemente mi conducta.

—Pero esperad un momento —dije—. Me estáis diciendo que no puedo salir de la caja intentando cambiar a los demás ni haciendo todo lo posible para hacerles frente, ni abandonando, ni comunicando, ni poniendo en práctica nuevas aptitudes o técnicas. Y luego, por si fuera poco, ¿me decís que ni siquiera puedo salir de la casa cambiándome *a mí mismo*?

LO QUE NO FUNCIONA DENTRO DE LA CAJA

1. Intentar cambiar a los demás

2. Hacer todo lo posible por «enfrentarse» a los demás

3. Abandonar

4. Comunicarse

5. Poner en práctica nuevas aptitudes o técnicas

6. Cambiar mi conducta

—Bueno, tú no puedes salir si sigues *centrándote en ti mismo*, que es lo que haces cuando tratas de cambiar tu conducta dentro de la caja. Así que sí, eso es lo que te estamos diciendo —respondió fríamente.

—Entonces, ¿cómo podemos llegar a salir *alguna vez*? Esto es, si lo que decís es cierto, entonces no hay manera de salir. Estamos todos atrapados.

—En realidad —dijo Lou—, eso no es del todo cierto. *Hay* una salida, pero es diferente de la que en general suponen todos. Y como te dije antes, tú sabes cuál es. Solo tienes que ser consciente de que lo sabes.

Estaba escuchando con atención. Quería comprenderlo.

—Anoche, en relación con tu familia, estuviste fuera de la caja, ¿no es así?

—Creo que sí.

—Bueno, tal y como contaste tu historia, parecía que lo estuvieras —dijo Lou—. Eso significa que *hay* una salida. Así que reflexionemos sobre tu experiencia de anoche. ¿Intentaste cambiar a tu esposa y a tu hijo ayer noche?

—No.

—¿Te pareció que te estabas «enfrentando» a ellos?

—No.

—Y a todas luces no te marchaste y abandonaste. ¿Y que, hay de la comunicación? ¿Saliste porque te comunicaste?

—Bueno, es posible. En fin, nos comunicamos muy bien, lo mejor que lo hemos hecho en mucho tiempo.

—Sí —admitió Lou—, ¿pero saliste de la caja porque te comunicaste, o te comunicaste bien porque estabas fuera de la caja?

—Deja que piense —dije, más confundido que nunca—. Ya estaba fuera de la caja, estaba fuera de la caja camino de casa. Así que supongo que lo que me sacó no fue la comunicación.

—Muy bien; entonces, ¿qué hay de esta última? —dijo Lou, al mismo tiempo que señalaba la lista—. ¿Saliste de la caja porque te centraste en intentar cambiarte *a ti mismo*?

Permanecí allí sentado, preguntándome: *¿Qué me sucedió ayer?* Todo había acabado en una velada maravillosa, pero de pronto no tenía ni idea de cómo había llegado allí. Era como si hubiera sido abducido por unos extraterrestres. *¿Me había propuesto cambiarme a mí mismo?* No era eso lo que recordaba. Había sido más bien como si algo me hubiera cambiado. Al menos, no podía recordar haberme propuesto cambiar. De hecho, parecía que durante todo el tiempo me hubiera *resistido* a la idea de que tenía que cambiar. *Entonces, ¿qué había sucedido? ¿Cómo había salido de la caja? ¿Por qué cambiaron mis sentimientos?*

—No lo tengo claro —dije, finalmente—. Pero no recuerdo que intentara cambiar. Por algún motivo, acabé cambiado, casi como si algo me hubiera cambiado. Pero no tengo ni la más remota idea de cómo sucedió.

—Aquí hay algo que podría ayudar a averiguarlo —dijo Bud—. ¿Recuerdas cuando ayer hablamos de que la distinción entre estar dentro de la caja y estar fuera de la caja es más profunda que la conducta?

—Sí, me acuerdo de eso —dije.

—Y hablamos de la historia de los asientos del avión, dibujamos aquel diagrama con los comportamientos en la parte superior y comentamos cómo podemos llevar a cabo casi cualquier conducta en una de esas dos maneras, o fuera de la caja o dentro de la caja. ¿Lo recuerdas?

—Sí.

—Entonces piensa en esto: si estar dentro o fuera de la caja es algo que es más profundo que la conducta, ¿crees que la clave para salir de la caja será una conducta distinta?

Empecé a entender de qué estaba hablando.

—No, no creo que lo sea —dije, repentinamente esperanzado en que esa idea me llevaría a la respuesta.

—Así es —confirmó Bud—. Una de las razones por las que tal vez tengas dificultades para comprender cómo saliste de la caja es que estás tratando de identificar qué *conducta* te sacó. Pero, puesto que la caja en sí es más profunda que el comportamiento, la salida de la caja también tiene que ser más profunda que el comportamiento. Se puede tener casi cualquier comportamiento tanto dentro de la caja como fuera de ella, así que ningún mero comportamiento puede sacarte. Estás buscando en el lugar equivocado.

—En otras palabras —terció Lou—, con la pregunta «¿Qué tengo que *hacer* para salir de la caja?» hay un problema fundamental. El problema es que cualquier cosa que te diga que hagas puede hacerse tanto *dentro* como *fuera* de la caja. Y si se hace dentro de la caja, esa conducta «dentro de la caja» no puede ser la manera de salir. Así que podrías sentirte tentado a decir: «Bueno, la respuesta es, por tanto, realizar esa conducta fuera de la caja». Muy bien. Pero si estás fuera de la caja, entonces ya no necesitarás la conducta para salir. Sea como fuere, el comportamiento no es lo que te saca. Es otra cosa.

—Pero ¿qué es? —imploré.

—Algo que tienes delante de ti.

21

La salida

—Piensa en lo sucedido ayer —continuó Lou—. Acabas de decir que parecía como si algo te hubiera cambiado. Tenemos que pensar en eso un poco más detenidamente.

Se dirigió a la pizarra.

—Quiero hablar de la autotraición y de la caja un momento, para aclarar algo que puede que todavía no se haya dejado claro.

Dibujó el siguiente diagrama:

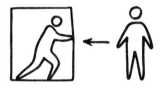

—De entrada, esta es una imagen de cómo es la vida dentro de la caja —dijo señalando el dibujo—. La caja es una metáfora de cómo me *resisto* a los demás. Con «resisto» quiero decir que mi autotraición no es pasiva. Dentro de la caja, me resisto de manera activa a lo que la condición humana de los demás me pide que haga por ellos.

»Por ejemplo —dijo, señalando la historia de Bud de la pizarra—, en esta historia sobre el incumplimiento de Bud de levantarse para que Nancy pudiera dormir, el impulso inicial fue la sensación que tuvo de que debía hacer algo por Nancy. Él se traicionó a sí mismo cuando se *resistió* a esa idea de lo que debía hacer por ella, y al resistirse a esa idea, empezó a centrarse en sí mismo y a verla como indigna de ayuda. Su autoengaño (su «caja») es algo que creó y mantuvo a lo largo de su resistencia intencionada a Nancy. Esta es la razón de que, como Bud decía hace unos minutos, sea infructuoso tratar de salir de la caja centrándonos más en nosotros mismos: dentro de la caja, todo lo que pensamos y sentimos es parte de la mentira de la caja. La verdad es que cambiamos en el momento en que cesamos de resistirnos a lo que está *fuera* de nuestra caja: los demás. ¿Te parece lógico?

—Sí, me parece que sí.

—En el momento en que dejamos de resistirnos a los demás, estamos fuera de la caja, liberados de las ideas y los sentimientos de autojustificación. Esta es la razón de que la manera de salir de la caja esté siempre ante nuestros ojos, *porque las personas a las que nos resistimos están delante nuestro*. Podemos dejar de traicionarnos a nosotros mismos en relación con ellas, podemos dejar de *resistirnos* al llamamiento que nos hace su condición humana.

—¿Pero qué puede ayudarme a conseguirlo? —pregunté.

Lou me miró con aire pensativo.

—Hay algo más que debes saber sobre la autotraición, algo que quizá te proporcione la palanca que estás buscando. Piensa en tu experiencia de ayer con Bud y Kate. ¿Cómo la describirías? ¿Dirías que en esencia estabas *dentro* o *fuera* de la caja en relación con ellos?

—Bueno, fuera, sin duda —dije—. Al menos, la mayor parte del tiempo —añadí, dedicando una tímida sonrisa a Bud. Él me devolvió la sonrisa.

—Pero también has manifestado que ayer estabas *dentro* de la caja en relación con Laura. Así que da la sensación de que estuviste tanto dentro como fuera de la caja al mismo tiempo; dentro de la caja en relación con Laura, pero fuera de la caja por lo que respecta a Bud y Kate.

—Así es, supongo que es cierto.

—Este es un aspecto importante, Tom. En cada momento, yo estoy tanto dentro como fuera de la caja en relación con cualquier persona o grupo de personas. Pero, puesto que hay muchas personas en mi vida (con algunas puede que esté más dentro de la caja que con otras), en gran medida puedo estar dentro y fuera de la caja al mismo tiempo. Dentro de la caja por lo que respecta a algunas personas, y fuera en relación con otras.

»Este simple hecho puede proporcionarnos la influencia para salir de la caja en esferas de nuestras vidas donde puede que estemos teniendo dificultades. De hecho, eso fue lo que te sucedió ayer. Permite que te muestre a qué me refiero.

Lou se dirigió a la pizarra y modificó su dibujo

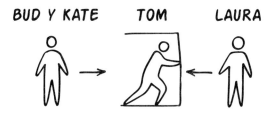

—Así es como podríamos describir cómo estabas ayer —dijo, parándose junto a la pizarra—. Estabas dentro de la caja en relación con Laura pero fuera de la caja mientras trabajabas con Bud y Kate. Ahora, observa: aunque te resistías a las necesidades de Laura porque estabas dentro de la caja en relación con ella, no obstante conservabas la sensación de lo que las personas en general podrían necesitar porque estabas fuera de la caja en relación con los otros, esto es, con Bud y Kate. Esta sensación que tenías y respetaste en relación con Bud y Kate, en combinación con el llamamiento continuo que te hacía la condición humana de Laura (que siempre está ahí), es lo que hizo posible que salieras de la caja en cuanto a ella.

»Así que, aunque es verdad que dentro de la caja no hay nada que podamos pensar y hacer para sacarnos de ella, el hecho de que casi siempre estemos tanto dentro como fuera de la caja al mismo tiempo, bien que en direcciones diferentes, significa que siempre está en nuestras manos encontrar el camino hacia una perspectiva dentro de nosotros que esté fuera de la caja. Esto fue lo que Bud y Kate hicieron por ti ayer: te facilitaron un entorno fuera de la caja desde el que pudiste considerar tus relaciones dentro de la caja con mayor lucidez. A partir del contexto de tus relaciones con Bud y Kate, fuiste capaz de pensar en una serie de cosas que podías hacer para contribuir a reducir tus momentos dentro de la caja y a recuperar tus relaciones dentro de la caja. En realidad, hay una cosa en particular que hiciste mientras estabas fuera de la caja en relación con Bud y Kate que te ayudó a salir de la caja con respecto a Laura.

Busqué mentalmente la respuesta.

—¿Qué es lo que hice?

—Te cuestionaste tu propia virtud.

—¿Que hice qué?

—Te cuestionaste tu propia virtud. Mientras estabas *fuera* de la caja, prestaste atención a lo que Bud y Kate te enseñaban sobre estar *dentro* de la caja. Y luego lo aplicaste a tus propias situaciones personales. La naturaleza de la mentalidad fuera de la caja que experimentaste con Bud y Kate te invitó a hacer algo que nunca hacemos cuando estamos dentro de la caja: te invitó a cuestionarte si en realidad estabas tan fuera de la caja como habías supuesto que estabas en otras esferas de tu vida.

Y lo que aprendiste en la posición privilegiada de ese espacio fuera de la caja transformó tu opinión de Laura.

»Bueno, eso probablemente no sucediera de inmediato —prosiguió—, pero apostaría a que hubo un momento en que fue como si la luz llegara a raudales, un momento en el que tus sentimientos inculpatorios hacia Laura parecieron evaporarse, y de pronto ella se te antojó distinta a lo que te había parecido un instante antes.

Así fue exactamente como sucedió, pensé para mis adentros. Recordé ese momento, cuando vi la hipocresía de mi enfado. Había sido como si todo hubiera cambiado en un instante.

—Es verdad —dije—. Eso fue lo que sucedió.

—Entonces tenemos que modificar este dibujo aún más —dijo Lou, y se volvió hacia la pizarra. Cuando terminó, se apartó y dijo—: Así es como te veías anoche cuando te marchaste.

—Estabas viendo y sintiendo con claridad. Laura te pareció distinta porque, en cuanto saliste de la caja en relación con ella, dejaste ya de sentir la necesidad de culparla y exagerar sus defectos.

Lou se sentó.

—En cierto sentido —dijo—, esto es algo milagroso. Pero en otro, es la cosa más frecuente del mundo. Sucede constantemente en nuestras vidas, por lo general en cuestiones nimias que olvidamos rápidamente. Todos estamos tanto dentro como fuera de la caja en relación con los demás. Cuanto más a menudo podamos encontrar nuestro camino hacia las posiciones privilegiadas de fuera de la caja en nuestras vidas, más preparados estaremos para desenmascarar las imágenes autojustificadoras de las cajas que llevamos con nosotros. De pronto, habida cuenta de la presencia de las personas que tenemos permanentemente ante nosotros, y gracias a lo que sabemos mientras estamos fuera de la caja en relación con las demás personas, nuestra caja puede ser penetrada por la condición humana de aquellos a quienes nos hemos estado resistiendo. Cuando esto sucede, en ese momento sabemos lo que tenemos que hacer: tenemos que respetarlas como *personas*. Y en ese momento (el momento en que veo a otro como persona, con necesidades, esperanzas y preocupaciones tan reales y legítimas como las mías), estoy fuera de la caja en relación con él. Y, subsiguientemente, lo que me resta es preguntarme si voy a *permanecer* fuera.

—Podrías considerar esto de la siguiente manera —terció Bud—. Vuelve a mirar esta historia —dijo, señalando el diagrama de la historia del bebé que llora—. Cuando una vez más siento el deseo de hacer algo para ayudar a otro, ¿dónde estoy situado en este diagrama?

Miré la pizarra.

—Vuelves a estar en lo más alto, de vuelta al impulso.

—Exacto. Vuelvo a estar fuera de la caja. Ahora puedo elegir lo contrario. Ahora puedo decidir honrar ese impulso, en lugar de traicionarlo. Y eso, Tom (el actuar de acuerdo con la sensación o impulso que he recuperado de lo que puedo hacer para ayudar a otro), es la clave para *permanecer* fuera de la caja. Tras recuperar esa sensación, estoy fuera; eligiendo honrarlo en lugar de traicionarlo, estoy decidiendo permanecer fuera de la caja.

—De hecho, Tom —añadió Lou—, apuesto a que, cuando te marchaste ayer de aquí, lo hiciste con la sensación de que había algunas cosas que tenías que hacer por algunas personas esa noche. ¿Estoy en lo cierto?

—Sí —admití.

—Y las hiciste, ¿no es así? —preguntó Lou.

—Sí, las hice.

—Esa es la razón de que la noche discurriera como discurrió —dijo—. Saliste de la caja en relación con Laura, y de hecho en cuanto a Todd, durante el tiempo que pasaste con Bud y Kate. Pero tu noche salió bien porque *permaneciste* fuera de la caja al hacer por tu familia lo que sentiste que debías hacer.

Las palabras de Lou parecían explicar mi velada con Laura y Todd bastante bien, aunque me dejaron un poco confundido y abrumado en cuanto a las situaciones en general. ¿Cómo se podía esperar que la gente hiciera todo lo que sentía que debía hacer por los demás? No me parecía que pudiera ser así.

—¿Estás diciendo que para mantenerse fuera de la caja siempre tengo que estar haciendo cosas por los demás?

Lou sonrió.

—Esta es una cuestión importante. Tenemos que pensar en ella con detenimiento, puede que con un ejemplo concreto. —Hizo una pausa—. Pensemos en la conducción. ¿Cuál dirías que es tu actitud habitual hacia los demás conductores en la calle?

Sonreí para mis adentros al recordar algunos trayectos habituales. Me recordé agitando el puño contra un conductor que no había reducido la velocidad para dejar que me incorporara a la vía principal y luego, tras obligarle a cederme el paso, me di cuenta de que era mi vecino. Y recordé la mirada furibunda que le lancé al conductor de un coche que iba desesperantemente lento mientras lo adelantaba a toda velocidad, para luego descubrir, horrorizado, que se trataba del mismo vecino.

—Supongo que me resultan bastante indiferentes —reí entre dientes, incapaz de disimular mi diversión—. A menos, claro, que se interpongan en mi camino.

—Se diría que fuimos a la misma autoescuela —bromeó Lou—. Pero ¿sabes qué? Que de vez en cuando he tenido sentimientos muy distintos hacia los demás conductores. Por ejemplo, a veces se me ocurre que cada una de esas personas que están en la carretera está tan atareada como yo, y tan absorta en su propia vida como yo lo estoy en la mía. Y en esos momentos, cuando salgo de la caja en relación con ellos, los demás conductores me parecen muy diferentes. En cierto sentido, siento que los comprendo y que me puedo relacionar con ellos, aunque en esencia no sé nada sobre ellos.

—Sí —dije, asintiendo—. Yo también he tenido esa experiencia.

—Bien. Así que sabes de lo que estoy hablando. Con ese tipo de experiencia en mente, analicemos tu pregunta. A ti te preocupa que, para permanecer fuera de la caja, tengas que hacer por los demás todo lo que se te ocurra. Y eso se te antoja agobiante, cuando no una insensatez. ¿Estoy en lo cierto?

—Sí. Es una manera de decirlo.

—Bien —dijo Lou—, tenemos que considerar si estar fuera de la caja provoca la retahíla abrumadora de obligaciones que te preocupa. Pensemos en la situación de la conducción. Para empezar, piensa en las personas que van en los coches muy por delante y muy por detrás mío. ¿Es probable que el hecho de que esté fuera de la caja suponga una gran diferencia en mi conducta hacia *ellos*?

—No, supongo que no.

—¿Y qué me dices de los conductores que tengo más cerca? ¿El que esté fuera de la caja cambiaría mi conducta hacia *ellos*?

—Es probable.

—Muy bien, ¿cómo? ¿Qué podría hacer yo de manera diferente?

Me recordé viendo a mi vecino por el retrovisor.

—Probablemente no despreciarías tanto a la gente.

—Bueno. ¿Qué más?

—Es posible que condujeras con más prudencia, con más consideración. ¿Y quién sabe? —añadí, pensando en la mirada de odio que había lanzado al hombre que resultó ser mi vecino—, puede que incluso sonrieras más.

—De acuerdo, está bien. Ahora observa; ¿esos cambios de conducta te parecen agobiantes o molestos?

—Bueno, no.

—Así que, en este caso, estar fuera de la caja y ver a los demás como personas no significa que de pronto me vea bombardeado con obligaciones molestas. Solo implica que estoy viendo y apreciando a los demás como personas mientras conduzco, voy de compras o hago lo que quiera que esté haciendo.

»En otros casos —continuó—, salir de la caja puede suponer que renuncie a un prejuicio que he mantenido en relación con aquellos que no son como yo, personas de otra raza, por ejemplo, o de una fe o una cultura diferentes. Seré menos crítico cuando las vea como personas que cuando las veía como objetos. Y las trataré con más cortesía y respeto. Sin embargo, insisto, ¿tales cambios te parecen molestos?

Negué con la cabeza.

—Todo lo contrario, me parecen liberadores.

—Soy de la misma opinión —dijo Lou—. Pero déjame introducir una nueva cuestión. —Se inclinó hacia adelante y cruzó los brazos sobre la mesa—. De vez en cuando, hay ocasiones en que tenemos la impresión de que deberíamos hacer más cosas por los demás, en especial por las personas con las que pasamos más tiempo, familiares, por ejemplo, o amigos o compañeros de trabajo. Conocemos a esas personas; tenemos una idea bastante precisa de sus esperanzas, necesidades, preocupaciones y temores; y es más probable que les hayamos hecho daño. Todo esto aumenta la obligación que sentimos hacia ellos, como debe ser.

»Bueno, tal y como hemos venido diciendo, para mantenerse fuera de la caja es fundamental que respetemos lo que nuestra sensibilidad de fuera de la caja nos dice que debemos hacer por esas personas. Sin embargo (y esto es importante), eso no significa necesariamente que acabemos haciendo todo lo que nos parece que sería ideal. Porque nosotros tenemos nuestras propias responsabilidades y necesidades que requieren atención, y puede ser que no podamos ayudar a los demás ni tanto ni tan rápidamente como desearíamos hacerlo. En tales casos, no tendremos necesidad de culparlas ni de justificarnos, porque seguiremos viéndolas como personas a las que queremos ayudar, aunque no podamos hacerlo en ese preciso momento ni de la manera que creemos sería la ideal. Simplemente, hacemos todo lo que podemos dadas las circunstancias. Tal vez no sea lo ideal, pero será lo mejor que podemos hacer, y que ofrecemos porque *queremos* hacerlo.

Lou me miró fijamente.

—Ya has aprendido lo de las imágenes autojustificadoras, ¿no es así?

—Sí.

—Entonces sabes la inseguridad en la que vivimos cuando estamos dentro de la caja, desesperados por demostrar que nos asiste la razón, que somos considerados, valiosos o nobles. Puede resultar bastante agobiante tener que demostrar constantemente nuestra virtud. De hecho, cuando nos sentimos agobiados, generalmente no es por nuestras obligaciones hacia los demás, sino por lo desesperados que estamos dentro de la caja por demostrar algo de *nosotros mismos* que nos resulta agobiante. Si echas la vista atrás en tu vida, creo que encontrarás que ese es el caso, porque muy posiblemente te sentiste abrumado, cargado de obligaciones y desbordado bastante más a menudo *dentro* de la caja que *fuera*. Para empezar, podrías comparar tu noche de ayer con las noches precedentes.

Es verdad, pensé. *Anoche (la primera vez en mucho tiempo que en realidad me tomé la molestia de hacer algo por Laura y Todd) fue la mejor noche que he tenido en no sé cuánto tiempo.*

Lou guardó silencio durante unos momentos, y Bud preguntó:

—¿Te ayuda esto con tu pregunta, Tom?

—Sí. Me ayuda mucho. —Entonces sonreí a Lou—. Gracias.

Lou me miró asintiendo con la cabeza y se enderezó en la silla aparentemente satisfecho. Miró más allá de mí, por la ventana. Bud y yo esperamos a que hablara.

—Cuando estaba sentado en la sala de aquel seminario en Arizona hace ya tantos años —dijo, finalmente—, aprendiendo de otros igual que tú has aprendido aquí de Bud y Kate, mis cajas empezaron a desvanecerse. Me arrepentí profundamente de mi comportamiento con las personas de mi empresa. Y en el momento en que sentí ese arrepentimiento, me encontré fuera de la caja en relación con ellos.

»El futuro de Zagrum —continuó— dependía de que pudiera *mantenerme* fuera de la caja. Pero sabía que, para permanecer fuera, había ciertas cosas que tenía que hacer. Y deprisa.

22

El liderazgo fuera de la caja

—Para que comprendas lo que necesitaba hacer —dijo Lou, levantándose de su silla—, tienes que comprender cuál era la naturaleza de mi autotraición. —Empezó a caminar junto a la mesa—. Supongo que había muchos tipos de autotraiciones, pero, mientras pensaba en las implicaciones de lo que había aprendido en Arizona, me di cuenta de que me había traicionado en el trabajo de una manera importante. Y lo que he descubierto en los años transcurridos desde entonces es que casi todo el mundo se traiciona a sí mismo en el trabajo de la misma manera fundamental. Así que todo lo que hacemos aquí ocurre para ayudar a que nuestra gente evite esa traición y permanezca fuera de la caja. Nuestro éxito en *ese* cometido ha sido la clave para lograr nuestro éxito en el mercado.

—¿Y qué es? —pregunté.

—Bueno, deja que te haga una pregunta —dijo Lou—. ¿Cuál es la finalidad de que nos esforcemos en el trabajo?

—Conseguir resultados juntos —respondí.

Lou se paró.

—Excelente —dijo, aparentemente impresionado.

—La verdad es que Bud estuvo hablando de eso ayer —dije, algo avergonzado.

—Ah, ¿ya habéis hablado sobre la autotraición básica en el trabajo? —preguntó, mirando a Bud.

—No. Hablamos por encima de cómo dentro de la caja no podemos centrarnos realmente en los resultados porque estamos demasiado ocupados centrándonos en nosotros mismos —dijo Bud—, pero no nos metimos de lleno en ello.

—De acuerdo —respondió Lou—. Pues bien, Tom, ¿cuánto tiempo llevas con nosotros? ¿Un mes o así?

—Sí.

—Cuéntame cómo llegaste a incorporarte a Zagrum.

Les hablé a ambos de mis momentos profesionales culminantes en Tetrix, de mi admiración de siempre por Zagrum y de los detalles de las entrevistas de mi proceso de selección.

—Cuéntame cómo te sentiste cuando te ofrecieron el empleo.

—Vaya, estaba eufórico.

—La víspera de que empezaras, ¿tenías buenas sensaciones respecto de tus futuros colegas? —preguntó Lou.

—Por supuesto —respondí—. Estaba impaciente por empezar.

—¿Sentías que querías ayudarlos?

—Sí, sin duda.

—Y cuando pensabas en lo que harías en Zagrum y cómo te *encontrarías* en el trabajo, ¿qué te imaginabas?

—Bueno, me veía trabajando mucho y haciéndolo lo mejor que pudiera para contribuir al éxito de Zagrum —respondí.

—Vale —dijo Lou—, así que lo que estás diciendo es que, antes de empezar, tenías la sensación de que debías hacer todo lo posible para ayudar a Zagrum y a las personas que forman parte de ella a tener éxito o, como dijiste antes, a lograr resultados.

—Así es —contesté.

Lou se acercó a la pizarra.

—Bud, ¿te importa si cambio esto un poco? —dijo, señalando el diagrama del niño llorón de Bud.

—En absoluto. Adelante, por favor —dijo Bud.

Lou corrigió el diagrama, tras lo cual se volvió para mirarme.

IMPULSO
Hacer todo lo posible para ayudar
a la empresa y a la gente que la integra
a lograr resultados
↓
ELECCIÓN → Hacerlo
↓
No hacerlo
«Autotraición»
↓

CÓMO EMPECÉ A VERME A MÍ MISMO	CÓMO EMPECÉ A VER A LOS COLEGAS
• Víctima	• Perezosos
• Trabajador	• Desconsiderados
• Importante	• Desagradecidos
• Razonable	• Insensibles
• Sensible	• Farsantes
• Buen directivo	• Malos directivos
• Buen empleado	• Malos empleados

Falta de compromiso
Falta de implicación
Provocación
Conflictividad
Falta de motivación
Estrés
Trabajo en equipo deficiente
Cotilleo/mala actitud
Falta de coordinación
Falta de confianza
Falta de responsabilidad
Problemas de comunicación

—Date cuenta, Tom —dijo—, de que cuando la mayoría de las personas empiezan en un trabajo, sus sentimientos son parecidos a los tuyos. Se sienten agradecidos por el empleo y por la oportunidad. Desean hacer todo lo posible por su empresa y por la gente que forma parte de ella.

»Pero entrevista a esas mismas personas al cabo de un año —continuó—, y sus sentimientos suelen ser muy diferentes. Lo que sienten hacia muchos de sus compañeros de trabajo a menudo se parece a lo que Bud sentía por Nancy en la historia que contó.

Y a menudo descubrirás que las personas que antaño estaban comprometidas, implicadas, motivadas, deseosas de trabajar en equipo y etcétera, ahora tienen problemas en muchas de esas cuestiones. ¿Y a quién supones que consideran *causantes* de esos problemas?

—A todos los demás integrantes de la empresa —respondí—. Al jefe, a los compañeros, a los subordinados y, ya puestos, incluso a la propia empresa.

—En efecto. Pero ahora sabemos que no es así —dijo—. Cuando culpabilizamos, lo hacemos a causa de nosotros, no a causa de los demás.

—¿Pero siempre es así? —pregunté—. Es decir, cuando estaba en Tetrix, mi jefe era pésimo. Creaba toda clase de problemas. Y ahora entiendo la razón: estaba metido en lo más profundo de su caja. Maltrataba a todos los integrantes del departamento.

—Sí —dijo Lou—, y por más que nos esforcemos en trabajar esto en Zagrum, aquí también te vas a encontrar con gente que te trate mal. Pero mira este diagrama —prosiguió, señalando la pizarra—. ¿Este trabajador está culpando a sus compañeros por lo que ellos le han hecho a él, sea lo que sea? O digámoslo de esta otra manera: ¿entramos en la caja porque otras personas están dentro de *sus* cajas? ¿Es eso lo que provoca que entremos en la caja?

—No —dije—, entramos en la caja por medio de nuestras propias traiciones a nosotros mismos. Eso lo entiendo. Aunque supongo que lo que quiero preguntar es: ¿no es posible culpabilizar a alguien sin estar dentro de la caja?

Lou me miró fijamente.

—¿Tienes algún ejemplo concreto que podamos analizar?

—Claro —dije—, sigo pensando en mi antiguo jefe de Te-trix. Me parece que llevo culpándolo desde hace mucho tiempo. Pero lo que quiero decir es que él *es* un verdadero imbécil. Es un gran problema.

Lou se sentó.

—Pensemos en eso —propuso—. ¿Crees que es posible reconocer hasta qué punto alguien podría ser un gran problema sin estar dentro de la caja y culparlo?

—Sí, creo que sí —respondí.

—¿Piensas que puedo incluso atribuir la responsabilidad de algo a alguien porque una persona concreta provocó realmente un problema, por ejemplo? —preguntó Lou.

—Se diría que podrías, aunque al parecer tú, Bud y Kate habéis estado diciendo que eso es algo que no se puede hacer fuera de la caja.

—Entonces hemos sido un tanto imprecisos —repuso Lou—. Estar fuera de la caja en realidad permite que una persona pueda atribuir o valorar responsabilidades con claridad, y la razón de ello es que su modo de ver no está enturbiado por la caja. Esa persona no está, por ejemplo, atribuyendo ninguna responsabilidad a otra para eludirla él mismo. Y, dado que no está tratando de eludirla, su acto de atribuir la responsabilidad no es personal ni ofensivo. De hecho, atribuir la responsabilidad en un caso así es en realidad una manera de ayudar a alguien. Otra cosa completamente distinta, sin embargo, es justificar la propia participación de uno en un problema mediante el pretexto de responsabilizar a otro. Este último acto es lo que llamamos «culpabilizar», y la culpabilización es precisamente lo que hacemos en lugar de atribuir objetivamente grados de responsabilidad siempre que estamos dentro de la caja. Culpamos a los demás no para ayudarlos, sino para ayudarnos a nosotros mismos.

»Lo cual nos lleva de nuevo a tu pregunta, Tom. En tu anterior trabajo, cuando estabas pensando que tu antiguo jefe era un auténtico imbécil, ¿estabas intentando ayudarlo, o este juicio que hacías de él era en realidad una manera de ayudarte a ti mismo?

De pronto me sentí totalmente desenmascarado, como si una mentira estuviera a punto de hacerse del dominio público.

—Otra manera de formularlo —prosiguió— sería preguntar si tu empeño inculpatorio con tu antiguo jefe lo ayudó a mejorar.

—Probablemente no —murmuré.

—¿Probablemente? —preguntó Lou.

No sabía qué decir. La verdad es que en mi acusación *no había* ninguna finalidad fuera de la caja. Eso lo sabía; había estado dentro de la caja en relación con Chuck durante años. Mi pregunta a Lou era solo una manera de sentirme justificado por mi acusación. Pero mi necesidad de justificarme ponía de manifiesto mi autotraición. Lou me había puesto cara a cara con mi mentira.

Bud intervino.

—Sé en lo que estás pensando, Tom. Has tenido la desgracia de trabajar con alguien que solía estar dentro de la caja. Y fue una experiencia difícil. En esa clase de situaciones, es bastante fácil meterse en la caja porque la justificación es muy fácil: ¡el otro es un imbécil! Pero no te olvides de que, en cuanto entro en la caja y, como consecuencia de ello, en realidad *necesito* que el otro tipo siga siendo un imbécil para que mi acusación de que lo es siga estando justificada. Y no necesito nada más que entrar en la caja en relación con él para seguir invitándole a que sea de esa manera. Mi acusación sigue provocando la misma cosa de la que lo estoy acusando. Puesto que, dentro de la caja, necesito problemas.

»¿No es mucho mejor —continuó— ser capaz de reconocer las cajas de los demás sin necesidad de acusarlos de estar dentro de la caja? En definitiva, sé lo que significa estar dentro de la caja porque yo también estoy ahí a veces. Fuera de la caja *comprendo* lo que significa estar dentro de la caja. Y dado que, cuando estoy fuera de la caja, ni necesito ni provoco que los demás sean unos imbéciles, en realidad puedo suavizar las situaciones difíciles, en lugar de exacerbarlas.

»Como es natural, de esto se puede extraer otra enseñanza —dijo—. Puedes ver lo dañino que es un líder que está dentro de la caja. Esa persona se lo pone demasiado fácil a los demás para que también regresen a las suyas. La lección, pues, es que necesitas ser una clase diferente de líder. Es tu obligación como tal. Cuando estás dentro de la caja, la gente te sigue, si es que te sigue, solo por la fuerza o la amenaza de la fuerza. Pero eso no es liderazgo. Es coacción. Los líderes a los que la gente escoge seguir son aquellos que están fuera de la caja. Repasa tu vida y verás que es así.

La cara de Chuck Staehli desapareció de mi mente y vi a Amos Page, mi primer jefe en Tetrix. Habría hecho cualquier cosa por Amos. Era una persona severa, exigente, y no podía imaginarme a nadie que pudiera estar tan fuera de la caja como él. Su entusiasmo por su trabajo y el sector trazó el rumbo de toda mi trayectoria profesional. Había transcurrido mucho tiempo desde la última vez que lo viera. Tomé nota mental para localizarlo y ver cómo le iba.

—Así que tu éxito como líder, Tom, depende de que te liberes de tu autotraición —dijo Bud—. Solo entonces invitas a los demás a que se liberen de la suya. Solo entonces tú mismo estarás creando líderes, compañeros de trabajo a quienes la gente obedecerá, en los que confiarán y con los que querrán trabajar. Le debes a tu gente estar fuera de la caja por ellos. Le debes a *Zagrum* estar fuera de la caja por ellos.

Bud se levantó.

—Permite que te ponga un ejemplo de la clase de líder que necesitamos que seas —dijo, mientras empezaba a pasear—. Mi primer cometido como abogado novel fue el de convertirme en un experto en la legislación de California sobre casas móviles. Los resultados de mi investigación eran indispensables para uno de los principales clientes del bufete, porque sus planes de expansión requerían la compra de grandes extensiones de terreno a la sazón ocupados por barrios de casas móviles.

»Mi supervisor del proyecto era una abogada llamada Anita Carlo que llevaba cuatro años en el bufete. Con cuatro años de antigüedad, le faltaban tres para poder examinarse como socia. Un abogado con un año de antigüedad puede permitirse cometer algunos errores, pero ese no es un lujo al alcance de uno con cuatro años de antigüedad. Para entonces, se supone que tienen que tener experiencia y ser dignos de confianza y competentes. En un bufete, cualquier error en esa etapa de la vida profesional generalmente se considera un serio inconveniente cuando llega el momento de la elección de socios.

»Bueno, yo me metí en cuerpo y alma en el proyecto. Durante una semana o así, quizá me convirtiera en el máximo experto mundial en la legislación de California sobre casas móviles. ¡Yupi!, ¿verdad? Lo expuse todo en un abultado informe. Anita y el socio principal encargado del proyecto quedaron encantados, porque el resultado era favorable a nuestro cliente. Todo iba bien. Yo era un héroe.

»Unas dos semanas más tarde, Anita y yo estábamos trabajando juntos en su despacho. Casi de pasada, ella dijo: «Ah, a propósito, quería preguntarte algo: «¿consultaste las adendas en todos los libros que utilizaste en tu investigación sobre las casas móviles?»

»Yo no estaba familiarizado con el término que Bud acababa de utilizar.

»«¿Adendas?», pregunté.

»«Sí, ¿has estado alguna vez en una biblioteca jurídica?»

»«Sí.»

»«Entonces sabes lo gruesos que son los libros jurídicos», dijo.

»«Claro.»

»«Los libros jurídicos extensos presentan un problema de impresión que se resuelve con lo que se llama "adendas". Te lo explico. Los libros jurídicos necesitan ser modificados permanentemente para reflejar las novedades legislativas más recientes. Y para evitar la reedición frecuente de unos libros que son muy caros, la mayoría de los libros de consulta jurídicos incluyen un bolsillo en la parte posterior donde se guardan las actualizaciones mensuales.»

—Así que Anita te estaba preguntando si habías consultado las actualizaciones más recientes de la ley cuando hiciste tu estudio —dije.

—Exacto. Y cuando me hizo la pregunta, me entraron ganas de echar a correr y esconderme, porque en mi euforia no se me había ocurrido en ningún momento consultar las actualizaciones.

»Salimos pitando hacia la biblioteca jurídica del bufete y empezamos a sacar todos los libros que había utilizado. ¿Y sabes qué? La legislación había cambiado. Y no de una manera insignificante, sino que había cambiado por completo. Así que tenía al cliente metiéndose de cabeza en una pesadilla legal y de relaciones públicas.

—No lo puedo creer —dije.

—Me temo que así fue. Anita y yo regresamos a su despacho para comunicarle la mala noticia a Jerry, el socio principal encargado del proyecto. Él vivía en otra ciudad, así que tuvimos que llamarlo. Ahora, piensa en esto —dijo—. Si fueras Anita Carlo, que estaba siendo examinada con lupa para poder convertirse en socia, ¿qué le habrías dicho a Jerry?

—Bueno, que este novato que lleva un año ha metido la pata o algo así —dije—. Habría buscado la manera de procurar que supiera que no había sido culpa mía.

—Yo también. Pero no fue eso lo que hizo. Lo que dijo fue: «Jerry, ¿recuerdas el estudio ese de expansión? Pues bien, cometí un error al respecto. Resulta que la legislación ha cambiado recientemente, y se me pasó por alto comprobarlo. Nuestra estrategia de expansión es errónea».

»Al escucharla me quedé de una pieza. Era yo el que había metido la pata, no Anita, pero ella (con todo lo que se jugaba) estaba asumiendo la responsabilidad del error. En toda su conversación no hizo ni un solo comentario que me señalara.

»«¿A qué te refieres con que *cometiste* un error?», le pregunté después de que colgara el teléfono. «Fui yo quien no consultó las actualizaciones del dorso.» Y esto fue lo que me respondió: «Es cierto que deberías haberlas consultado. Pero yo soy tu supervisora, y durante todo ese tiempo pensé varias veces que tenía que recordarte que consultaras las actualizaciones, pero nunca tuve tiempo de preguntártelo hasta hoy. Si lo hubiera hecho cuando pensé que debía hacerlo, no habría sucedido nada de esto. Así que sí, tú cometiste un error. Pero yo también».

»Ahora, piensa en ello —continuó Bud—. ¿Podía haberme culpado Anita?

—Por supuesto.

—Y al culparme, se habría justificado, ¿no es así? —preguntó Bud. Porque, en definitiva, *la verdad* es que yo había cometido un error. *Era* culpable.

—Sí, creo que es así —dije.

—Pero fíjate —dijo Bud con afecto—, no necesitó culparme (aunque yo había cometido un error) porque no estaba
dentro de la caja. Al estar fuera de la caja, no tuvo necesidad de
justificarse.

Hizo una pausa y se volvió a sentar.

—Y esto es lo interesante: al asumir la responsabilidad de
su error, ¿crees que Anita me hizo sentir más o menos responsable del mío?

—Bueno, más —dije.

—Así es —admitió Bud—. Cien veces más. Al negarse a
buscar una justificación para su error relativamente pequeño,
me invitó a asumir la responsabilidad de mi propio gran error.
A partir de ese momento, habría atravesado un muro de ladri-
llo por Anita Carlo.

»Pero piensa en lo diferente que habría sido —continuó—
si me *hubiera* culpado a mí. ¿Cómo crees que habría reaccionado yo, si Anita me hubiera culpado cuando habló con Jerry?

—Bueno, no sé *exactamente* lo que podrías haber hecho,
pero, en primer lugar, es posible que hubieras empezado a en-
contrarle algunos defectos que habrían dificultado trabajar para
ella.

—Exacto. Y tanto Anita como yo nos habríamos centrado
entonces en nosotros mismos, en lugar de en lo que necesitába-
mos centrarnos en ese momento más que nunca: el resultado
para el cliente.

—Y es justo de eso —dijo Lou, volviendo a intervenir— de
lo que me di cuenta que consistía mi problema cuando estaba
sentado en Arizona aprendiendo este material. De ninguna de
las maneras había conseguido hacer todo lo posible para ayudar a Zagrum y sus empleados a conseguir los resultados. En
otras palabras —dijo, señalando la pizarra—, había traiciona-

do mi idea de lo que tenía que hacer por los demás en la empresa. Y al hacer eso, me había enterrado en la caja. No estaba centrado en los resultados en absoluto; solo estaba centrado en mí mismo. Y a consecuencia de esa traición, culpaba a los demás de todo. Ese retrato de ahí —dijo, volviendo a señalar el diagrama—, ese era yo. Veía a todos los integrantes de la empresa como problemas y me veía a mí mismo como la víctima de su incompetencia.

»Pero en ese momento de comprensión (un momento que uno podría suponer tenebroso y deprimente), en ese momento, digo, por primera vez en meses me sentí alegre y esperanzado por mi empresa. Sin tener muy claro todavía donde acabaría esto, tuve el impulso imperioso de hacer algo que tenía que hacer (una primera cosa). Algo que tenía que hacer, si iba a continuar con mi plan de salir de la caja.

»Tenía que ir a ver a Kate.

23

El nacimiento de un líder

—Carol y yo nos marchamos de Arizona la noche siguiente en un vuelo nocturno —dijo Lou—. Habíamos planeado pasar unos días de vacaciones en San Diego antes de ir a casa, pero nuestros planes habían cambiado por completo. Me había enterado de que Kate iba a incorporarse a su nuevo trabajo en la zona de San Francisco en solo unos días. Confiaba desesperadamente en poder pillarla antes de que se marchara. Tenía que entregarle algo —dijo, mirando otra vez más allá de mí por la ventana—. Tenía que darle una escalera.

—¿Una escalera? —pregunté.

—Sí, una escalera. Una de las últimas cosas que le hice a Kate antes de que se marchara —recordó— fue exigir que retiraran una escalera de su área comercial. Su departamento había decidido utilizarla como ayuda visual para promocionar algunos objetivos de ventas. Pensé que era una idea estúpida, y así se lo dije a ella cuando me preguntó por mi decisión. Pero siguieron adelante y llevaron a cabo su idea de todas formas. Más tarde, esa misma noche, le dije al personal de seguridad que sacaran la escalera de las instalaciones. Tres días después, ella y los otros cuatro miembros del grupo llamado «la debacle de marzo» me notificaron su marcha con dos meses de antelación. Antes de una hora hice que el personal de seguridad los sacara de allí, y ni siquiera les permití que volvieran a entrar en sus despachos solos. *Nadie que me traiciona de esta manera es digno de confianza*, me dije. Esa fue la última vez que había visto o hablado con Kate.

»No puedo explicarlo, pero sabía que tenía que llevarle una escalera. Simbolizaba mucho. Y así lo hice.

»Carol y yo llegamos al aeropuerto JFK alrededor de las seis de la mañana del domingo. Le dije al chófer de la limusina que dejara a Carol en casa y que luego me llevara a mi oficina, donde rebusqué como en media docena de armarios de suministros hasta que por fin encontré una escalera. La atamos al techo del coche y nos dirigimos a la casa de Kate en Litchfield. Serían como las nueve y media cuando llamé al timbre de su puerta con la escalera a cuestas.

»La puerta se abrió y apareció Kate, que se me quedó mirando con los ojos como platos por la sorpresa. «Ahora, antes de que digas nada, Kate», dije, «tengo algo que decir, aunque ni siquiera sé cómo empezar. Antes que nada, te pido perdón por irrumpir en tu casa sin previo aviso un domingo por la mañana, pero esto no podía esperar. Yo…, ejem, yo…»

»De repente, Kate estalló en una carcajada. «Lo siento, Lou», dijo, apoyada en el marco retorciéndose de risa. «Estoy segura de que lo que tienes que decir es muy serio, o de lo contrario no estarías aquí, pero verte así, encorvado bajo el peso de esa escalera, es demasiado. Vamos, deja que te ayude a ponerla en el suelo.»

«Sí, a propósito de la escalera», dije, «es un punto para empezar tan bueno como cualquier otro. No debería haber hecho nunca lo que hice. Para ser sincero, no sé por qué lo hice. Ni siquiera debería haberme importado».

»Para entonces, Kate había dejado de reírse y me escuchaba con atención. «Mira, Kate», dije, «me he comportado como un verdadero imbécil. Eso ya lo sabes. Todo el mundo lo sabe. Pero yo no lo supe hasta hace dos días. O, en cualquier caso, no era capaz de darme cuenta. Pero te aseguro que ahora me doy cuenta. Y ver lo que le he hecho a las personas que más me importan en mi vida me aterra, y tú estás incluida».

»Ella se quedó allí parada, escuchando. Yo no sabía qué estaba pensando.

»Sé que te han ofrecido algo realmente bueno», continué. «Y no tengo esperanzas de que vuelvas a Zagrum, no después de mi comportamiento. Pero estoy aquí para suplicarte. Tengo que hablar contigo de algo, y luego, si me lo pides, me marcharé y no volveré a molestarte nunca más. Pero sé lo que he hecho para echarlo a perder todo, y creo que tengo una idea para arreglarlo. Tengo que hablar contigo.»

»Ella se apartó de la puerta. «De acuerdo», dijo, «te escucharé».

»Durante las siguientes tres horas hice todo lo que pude para darle a conocer todo lo que había aprendido los dos días anteriores sobre la caja y todo lo demás. Creo que lo expliqué todo bastante mal —confesó Lou, mirándome con una sonrisa—. Pero las palabras que dije no tenían tanta importancia. Kate pudo darse cuenta de que, fuera lo que fuese de lo que estaba hablando, lo estaba diciendo en serio.

»Finalmente, dijo: «De acuerdo, Lou. Pero tengo una pregunta: si regresara, ¿cómo sabría que esto no es solo un cambio temporal? ¿Por qué debería correr ese riesgo?»

»Creo que me encorvé un poco. No sabía qué decir. «Esa es una buena pregunta», respondí al fin. «Ojalá pudiera decirte que no te preocupes. Pero me conozco mejor que todo eso. Y tú también. Esa es una de las cosas de las que quiero hablar contigo. Necesito que me ayudes.»

—Le expuse un plan elemental. «Tienen que suceder dos cosas», le dije. «Primero, tenemos que instaurar un proceso en la empresa con el que ayudemos a la gente a ver que están dentro de la caja y que, por consiguiente, no se están centrando en los resultados. Segundo (y esta es la clave, sobre todo para mí, personalmente), tenemos que implantar un sistema para centrarnos en los resultados que nos mantenga *fuera* de la caja mucho más de lo que hemos estado hasta ahora: una manera de pensar, una manara de evaluar, una manera de informar, una manera de trabajar. Porque una vez que estemos fuera de la caja», le dije, «hay un montón de cosas que podemos hacer para ayudarnos a seguir fuera mientras avanzamos. Tenemos que instituir un sistema así en Zagrum».

»«¿Tienes algunas ideas al respecto?», preguntó ella.

»«Sí, unas cuantas. Pero necesito tu ayuda, Kate», dije. «Juntos podemos encontrar la mejor manera de hacerlo. No conozco a nadie que pudiera hacerlo mejor que tú.»

»Siguió sentada allí, ensimismada. «No estoy segura», respondió lentamente. «Voy a tener que pensarlo. ¿Puedo llamarte?»

»«Pues claro. Estaré esperando junto al teléfono.»

24

Otra oportunidad

—Como puedes deducir —dijo Lou—, me llamó. Me estaba dando una segunda oportunidad. Y el Zagrum que has estado admirando todos estos años ha sido el resultado de esa segunda oportunidad.

»Cuando empezamos a trabajar juntos de nuevo, cometimos muchos errores. Lo único que hicimos verdaderamente bien desde el principio fue comprender con nuestra gente las ideas que has aprendido estos dos últimos días. No teníamos por qué conocer todas las implicaciones que tendrían en el trabajo, así que al principio nos mantuvimos en el nivel de las ideas generales. ¿Y sabes qué? Fue de gran ayuda. Solo lo que Bud ha hecho por ti estos dos días, eso solo, cuando la gente lo aprende en una tarea común, tiene un efecto intenso y duradero. Lo sabemos porque hemos medido los resultados a lo largo del tiempo.

»Pero, en los últimos veinte años o así, nos hemos vuelto mucho más sofisticados en la aplicación de este material en la empresa. A medida que como empresa salíamos más de la caja, pudimos identificar y elaborar un plan concreto de acción que minimizara la autotraición en el lugar de trabajo de la que hemos estado hablando. Desde el primer momento, cuando en general las personas siguen estando fuera de la caja en relación con sus compañeros y a la empresa, presentamos a nuestros empleados esta manera de trabajar juntos.

Lou hizo una pausa, y Bud intervino.

—Ahora nuestra tarea consta de tres fases —dijo—. Ayer y hoy has empezado lo que denominamos nuestro programa de la Fase 1. Es todo lo que tenemos al principio. Y solo eso tiene una influencia tremenda. Es el fundamento de todo lo que viene a continuación. Es lo que hace posible nuestros resultados aquí. Nuestro trabajo en las Fases 2 y 3 se basarán en lo que hemos abordado conectándote a una manera concreta y sistemática de enfocarse y lograr resultados, un «sistema de transformación de la responsabilidad» que minimiza la autotraición en el trabajo y potencia al máximo los resultados de la empresa. Y lo consigue de una manera que reduce considerablemente los problemas personales comunes dentro de la institución.

—¿Sistema de transformación de la responsabilidad? —pregunté.

Bud asintió con la cabeza.

—¿En quién te enfocas cuando estás dentro de la caja?

—Sobre todo, en mí.

—¿Y en *qué* te enfocas cuando está dentro de la caja?

Pensé en la pregunta un instante, y entonces dije:

—En justificarme.

—¿Y qué pasa si todos los empleados de una organización asumen la responsabilidad de lograr un resultado concreto y determinado? Si fueran verdaderamente responsables de eso, ¿se justificarían si no consiguen lograr ese resultado?

Negué con la cabeza.

—Probablemente no.

—Así que, consecuentemente, se centrarían en lograr un resultado y no en justificarse. ¿De acuerdo?

—Supongo que sí —respondí, sin saber muy bien adónde quería llegar Bud con aquello.

—¿Y qué pasa si ese resultado, por su propia naturaleza, exige que los empleados piensen en los demás?

No respondí de inmediato.

—Piénsalo —continuó él—. Si todos están centrados en *los demás*, ¿en quién *no* estarían centrados?

—¿En sí mismos? —me arriesgué a decir.

—Exacto. Una organización dentro de la caja rebosa de personas que están centradas en sí mismas y en justificarse. Imagina, por el contrario, una organización en la que todos están centrados en los demás y en lograr resultados.

—Pues que sería una organización fuera de la caja —dije.

—Justo. Y nuestro sistema está diseñado para crear eso. De una manera continuada y disciplinada, mantenemos a la gente centrada en los resultados y en los demás. La cultura de la culpabilización que tan extendida está en las organizaciones es sustituida por una cultura de la asunción de responsabilidad y la rendición de cuentas. Las personas que se centran en sí mismas y en justificarse aquí no prosperan.

—¿Y qué tal ver a esos inadaptados como personas? —bromeé antes de poder evitarlo.

—Despedir a la gente es una opción —respondió Bud—. Y hay dos formas de hacerlo.

—Lo sé, lo sé —dije, tratando de excusarme.

—Y en el desafortunado supuesto de que tengamos que despedir a alguien —continuó sin solución de continuidad—, nuestro objetivo es despedir a una *persona*, no a un objeto. Es algo completamente diferente.

Asentí con la cabeza, al mismo tiempo que me daba cuenta de verdad de que mi futuro en Zagrum dependía de entender aquello correctamente.

—Así que, ¿qué tengo que hacer para empezar a aplicar ese sistema de responsabilidad? —pregunté—. Yo ya estoy listo para pasar a la Fase 2.

—No lo estás —dijo Bud, sonriendo—. No del todo.

—¿No lo estoy?

—No. Porque, aunque ahora entiendes en qué consiste la autotraición en el trabajo, todavía no sabes hasta qué punto estás metido en ella. Todavía no sabes hasta qué punto no has conseguido centrarte en los resultados.

Sentí que se me volvía a aflojar la expresión del rostro, y en ese momento me di cuenta de que no me había sentido tan a la defensiva desde la mañana anterior. La idea pareció acudir en mi auxilio, y volví a adoptar una actitud abierta.

—Pero a ese respecto no eres diferente a ningún otro —dijo, sonriendo con calidez—. Te darás cuenta enseguida. En realidad, tengo algún material para que leas, y luego me gustaría volver a reunirme contigo dentro de una semana. Necesitaremos como una hora.

—De acuerdo. No veo el momento de hacerlo —dije.

—Y luego empezará el trabajo de verdad —añadió—. Tendrás que replantearte tu trabajo, aprender a evaluar cosas que nunca supiste que tenían que evaluarse y ayudar e informar a la gente de formas en las que jamás habías pensado. Aprenderás a responsabilizarte de una manera profunda y disciplinada. Como jefe tuyo, te ayudaré a hacer todo eso. Y tú, como jefe, aprenderás cómo ayudar a tu gente a hacer lo mismo. A lo largo de todo este proceso, descubrirás que no hay mejor manera de trabajar ni de vivir.

Bud se levantó.

—Todo esto hace de Zagrum lo que es, Tom. Nos alegra que formes parte de la empresa. A todo esto, además de las lecturas, tengo algunos deberes para ti.

—Muy bien —dije, preguntándome de qué podría tratarse.

—Quiero que pienses en el tiempo que pasaste trabajando con Chuck Staehli.

—¿Con Staehli? —pregunté, sorprendido.

—Sí. Quiero que pienses en si realmente te centraste en los resultados y de qué manera durante el tiempo que trabajaste con él. Quiero que analices si estabas abierto o cerrado a las correcciones, si buscabas aprender con decisión y enseñar con entusiasmo cuando podías hacerlo. Si te responsabilizabas totalmente de tu trabajo, si asumías o pasabas a otro la responsabilidad cuando las cosas salían mal. Si pasabas rápidamente a las soluciones o, en su lugar, encontrabas una utilidad perversa en enfocarte en los problemas. Si te ganabas la confianza de los que te rodeaban, incluido Chuck Staehli.

»Y mientras piensas en ello, quiero que en todo momento tengas en cuenta las ideas que hemos abordado. Pero quiero que lo hagas de una manera muy particular. —Bud sacó algo de su maletín—. Un poco de conocimiento puede ser algo peligroso, Tom. Puedes utilizar este material para culpabilizar igual de bien que puedes utilizar cualquier otra cosa. El mero *conocimiento* de la teoría no te saca de la caja. Lo que te saca es *vivirla*. Y no la estamos viviendo si la utilizamos para diagnosticar a los demás. Más bien al contrario, la vivimos cuando la utilizamos para valorar cómo podemos ser más útiles a los demás, incluida gente como Chuck Staehli.

»Estas son algunas cosas a tener en cuenta mientras intentas hacer exactamente esto —dijo, entregándome una tarjeta.

Esto es lo que había escrito:

CONOCER EL MATERIAL

• La autotraición conduce al autoengaño y a «la caja».

• Cuando estás en la caja, no te puedes centrar en los resultados.

• Tu influencia y tu éxito dependerán de que estés fuera de la caja.

• Sales de la caja cuando dejas de resistirte a los demás.

VIVIR EL MATERIAL

• No trates de ser perfecto. Intenta ser mejor.

• No utilices el vocabulario —«la caja», etcétera— con las personas que todavía no lo conocen. Aplica los principios a tu vida.

• No busques las cajas de los demás. Busca la tuya.

• No acuses a los demás de estar dentro de la caja. Procura permanecer fuera de la caja tú mismo.

• No te des por vencido cuando descubras que has estado en la caja. Sigue intentándolo.

• No niegues que has estado en la caja cuando lo hayas estado. Discúlpate; luego, sigue avanzando, tratando de ser más útil a los demás en el futuro.

• No te centres en lo que los demás hacen mal. Céntrate en lo que puedes hacer bien para ayudar.

• No te preocupes de si los demás te están ayudando. Preocúpate de si tú estás ayudando a los demás.

—Muy bien, Bud. Esto me será muy útil. Gracias —dije, guardando la tarjeta en mi maletín.

—Por supuesto —dijo—. Estoy ansioso por verte de nuevo la semana que viene.

Asentí, me levanté y me volví hacia Lou.

—Antes de que te vayas, Tom —dijo este—, me gustaría contarte una última cosa.

—Por favor —dije.

—Mi hijo, Cory, ¿te acuerdas de él?

—Por supuesto.

—Bueno, dos meses después de que Carol y yo lo viéramos marcharse, viajamos en aquella misma furgoneta hasta el remoto bosque que había sido su hogar durante aquellas aproximadamente nueve semanas. Íbamos a reunirnos con él, a vivir con él unos pocos días, y luego llevarlo a casa. Creo que nunca había estado tan nervioso.

»Le había escrito con frecuencia durante las semanas que había estado fuera. Los responsables del programa entregaban las cartas a los chicos todos los martes. Yo le había abierto mi corazón en aquellas cartas, y poco a poco, como un joven potrillo que empezara a dar sus primeros e inseguros pasos en un arroyo, él empezó a abrirse a mí.

»A través de aquellas cartas había descubierto a un hijo que nunca supe que tenía. Él estaba lleno de preguntas e ideas. Me maravilló la profundidad y el sentimiento que albergaba su corazón. Pero, sobre todo, hablaba con una paz que tuvo el efecto de apaciguar el corazón de un padre que temía haber ahuyentado a su hijo. Cada carta enviada, cada carta recibida, era un manantial sanador.

»Mientras recorríamos los últimos kilómetros hasta el punto de encuentro, me abrumó la idea de lo que casi había sido: la de un padre y un hijo terriblemente separados que habían estado en peligro de no llegar jamás a conocerse de verdad. Al borde de la guerra (una guerra cuyos efectos podrían haber sido padecidos por generaciones), nos habíamos salvado de milagro.

»Al rodear la última colina polvorienta, divisé a unos quinientos metros al grupo de chicos más sucios y desaliñados que jamás hubiera visto: la ropa hecha jirones, la barba descuidada de varios días, el pelo que necesitaba un corte desde hacía dos meses. Pero a medida que nos acercábamos, del grupo salió corriendo uno cuya flaca figura reconocí a pesar de la mugre y el polvo. «¡Pare el vehículo! ¡Pare el vehículo!», le grité al conductor. Y salí como una flecha para reunirme con mi hijo.

»Llegó hasta mí en un suspiro y se arrojó en mis brazos, mientras las lágrimas le corrían por la cara sucia. Entre sollozos, le oí decir: «Nunca más te defraudaré, papá. Nunca más te defraudaré».

Lou se calló, incapaz de hablar al recordar el momento.

—Que él sintiera aquello por mí —continuó, más lentamente—, justamente por mí, cuando era yo el que le había defraudado *a él*, me ablandó el corazón.

«Y yo tampoco te volveré a defraudar, hijo», dije.

Lou se detuvo, dejando a un lado su recuerdo. Entonces se levantó de la silla y me miró con bondad.

—Tom —dijo, poniéndome las manos sobre los hombros—, lo que separa a los padres de los hijos, a los maridos de las esposas, a los vecinos de los vecinos, es lo mismo que también separa a los compañeros de trabajo de los compañeros de trabajo. Las empresas fracasan por las mismas razones que fracasan las familias. ¿Y por qué debería sorprendernos descubrir que es así? Porque aquellos compañeros de trabajo a los que me resisto son aquellos mismos padres, madres, hijos, hijas, hermanos y hermanas.

»Una familia, una empresa; ambas son organizaciones de personas. Eso es lo que sabemos y por lo que vivimos en Zagrum.

»Solo recuerda —añadió— que no sabremos con quién trabajamos y vivimos (ya sea Bud, Kate, tu esposa, tu hijo, incluso
alguien como Chuck Staehli) hasta que salgamos de la caja y
nos unamos a ellos.

APÉNDICE

Materiales para los lectores

Investigaciones sobre el autoengaño en las organizaciones

Como planteamos en *La Caja*, el autoengaño es el más debilitador de los problemas que atañen a las organizaciones. Y es así debido a que los problemas no pueden ser resueltos si aquellos responsables encargados de solucionarlos se mantienen reacios a la posibilidad de que quizás ellos puedan ser los culpables. En nuestro libro *Mentalidad fuera de la caja* pusimos un ejemplo hasta cierto punto humorístico y sin embargo inquietante. La historia se antoja especialmente pertinente en este caso, porque versa sobre el hombre que nos sirvió de inspiración para el personaje de Lou en *La Caja*. Se llamaba Jack Hauck.

Jack Hauck fue el fundador y CEO por muchos años de una empresa llamada Tubular Steel, un distribuidor de productos de carbón y acero de ámbito nacional con sede en San Luis. Años atrás, Tubular había contratado a uno de los consultores más famosos del mundo para que los ayudara a superar las nocivas luchas intestinas que asolaban al equipo directivo y obstaculizaban el crecimiento general de la empresa. Después de meses de probar un planteamiento tras otro sin ningún éxito, Jack le preguntó al consultor si conocía algún otro enfoque que la empresa pudiera probar. El consultor estaba al corriente del trabajo de Arbinger y le recomendó a Jack que sondeara nuestras ideas.

Durante nuestra primera reunión con Jack y su equipo, nos concentramos en ayudar a cada uno de los miembros del equipo directivo a que se replanteara su participación en los problemas a los que se enfrentaba la empresa, reflexionando detenidamente sobre la siguiente frase: *A mi modo de ver, el problema soy yo.*

Jack estaba impaciente por resolver los problemas de su empresa, y el método le pareció realmente prometedor. Sin embargo, seguía ciego al hecho de que él no estaba utilizando nuestro método en sí mismo. Al finalizar el primer día con su equipo, sintiéndose revitalizado por el progreso que consideró estaban haciendo los demás, se levantó para reafirmar su compromiso con la iniciativa. «Quiero que todos recibáis el mensaje», dijo. «Voy a ordenar que se hagan unos carteles y se cuelguen por todo el edificio.» Luego, señalando con el dedo a los directivos y responsables reunidos, dijo: «Y no lo olvidéis: a vuestro modo de ver, ¡el problema sois vosotros!»

Puedes imaginarte la reacción de los miembros de su equipo. En el mismo momento en que Jack pensó que había captado la cuestión, no la estaba entendiendo en absoluto. Esta ceguera a la propia responsabilidad es el problema del autoengaño. Poco a poco Jack fue capaz de superar esta ceguera y empezó a ver de forma más directa y clara. Como consecuencia, su empresa cambió por completo, incluso a pesar de la delicada coyuntura económica que afectaba el mercado de sus productos, que se hundía. A lo largo de un período de tres años, el volumen del mercado para los productos de Tubular Steel se había reducido desde los 10 millones de toneladas hasta los 6 millones de toneladas, pero durante el mismo período la empresa aumentó sus ingresos de los 30 millones de dólares a los 100 millones de dólares. Tubular Steel fue capaz de lograr este crecimiento solo gracias a que los miembros del equipo directivo pudieron evaluar, cuantificar y abordar el problema del autoengaño que los había estado frenando.

Nuestra investigación ha puesto de manifiesto una manera interesante de evaluar el nivel de autoengaño en una organización. Durante años, hemos tenido participantes en nuestros talleres que han evaluado anónimamente sus propias mentalidades y las de sus empresas en una escala de 1 a 10, desde lo que denominamos «totalmente dentro de la caja» hasta «totalmente fuera de la caja». Curiosamente, la gente se evalúa a sí misma en esta escala con una puntuación más alta —esto es, como mucho más *fuera de la caja*— de lo que evalúan a sus organizaciones. ¡También encontramos interesante que este resultado no sorprende a casi nadie! Casi de forma unánime, las personas esperan que ellas y las demás vayan a valorarse mejor de lo que valorarán a sus organizaciones. ¿Y esto, por qué? ¿Por qué la gente piensa mejor de sí misma que de sus organizaciones, y por qué todos saben que es así como piensa todo el mundo?

Las cuentas, como es de esperar, no salen. Una empresa que se merece de verdad una valoración de 4 sobre 10 en el continuo de la mentalidad, por ejemplo, no puede estar integrada por personas que, de media, tienen una valoración de 8. Cuando llamamos la atención sobre este hecho, la gente tiende a reírse nerviosamente (una vez más, casi de forma unánime). La diferencia entre cómo nos valoramos y cómo valoramos a los demás es lo que denominamos «la brecha del autoengaño». El autoengaño es lo que explica esta opinión exagerada de nosotros mismos en relación con los demás.

Nuestra investigación demuestra que las personas conocen de forma intuitiva el problema del autoengaño. Si lo conocen no es fundamentalmente porque lo reconozcan en sí mismas, sino porque observan en los demás la tendencia a exagerar sobremanera el rendimiento en relación con los resultados, y observan asimismo cómo la gente explica esta diferencia culpando a los demás de los problemas, en lugar de asumir ellos mismos su responsabilidad. Un aspecto interesante del autoengaño es que los que observan e identifican tales conductas en los demás no son menos propensos que estos a hacer ellos las mismas cosas. Sin embargo, ¡creen que su propia autovaloración es más exacta que las autovaloraciones exageradas de sus colegas! Al igual que Jack Hauck en los primeros tiempos en Tubular Steel (o que Lou Herbert), ven el problema; solo que no lo ven en sí mismos.

Esta brecha del autoengaño casi universal se ve confirmada en las afirmaciones formales que hacen nuestros clientes empresariales. Mediante una encuesta de veinte preguntas que denominamos Test de la Mentalidad, Arbinger mide de forma más detallada cómo los encuestados valoran la mentalidad de sus organizaciones, y cómo valoran la propia.

El Test de la Mentalidad plantea preguntas que evalúan rasgos tales como la conciencia, la disponibilidad, la responsabilidad, la concordancia, la colaboración, la autocorrección, la coordinación, la inclusión, la generosidad, la transparencia, la orientación a los resultados, la franqueza, el agradecimiento, el reconocimiento, el empoderamiento, la iniciativa, la colaboración y la seguridad. Mediante el análisis de estos diversos elementos y de los resultados medios en los diferentes sectores industriales, hemos hallado que la gente valora a los colegas de sus empresas con un promedio de 4,8 y a sí mismas con un promedio de 6,8, lo cual equivale a decir que las personas se valoran a sí mismas como un 40 por ciento mejores que el resto de las personas de sus organizaciones en todas estas características.

La brecha del autoengaño en las opiniones que los encuestados tienen de sí mismos, comparadas con sus opiniones de los demás, se reduce en relación con una de las características de la valoración de la mentalidad. De acuerdo con nuestra experiencia, esta característica es el principal indicador de la mentalidad de una organización. A dicha característica la denominamos «alineamiento horizontal». Se trata de un indicador del grado de comprensión que tienen las personas sobre los objetivos, las necesidades y los retos de quienes están al mismo nivel que ellas dentro de la organización.

La razón de que el alineamiento horizontal sea un indicador tan útil de la mentalidad es que un egoísmo hiperactivo, que es lo que impulsa a alguien que está dentro de la caja (o que tiene una mentalidad dentro de la caja), no incentiva a una persona a tomar conciencia de los objetivos, las necesidades y los retos de sus compañeros de trabajo del mismo nivel. Es muy probable que el egoísmo impulse a alguien a conocer los objetivos, las necesidades y los retos de su jefe, pero una orientación de mentalidad dentro de la caja no invitará a tomarse el mismo interés por las personas situadas en el mismo plano de la empresa. Desde el punto de vista de una mentalidad dentro de la caja, esa clase de empeño no se antoja relevante y parece improbable que cambie mucho las cosas a nivel personal. La perspectiva de la mentalidad dentro de la caja es errónea en ambos casos, pero la ceguera perpetuada por esa mentalidad oscurece la realidad.

Es interesante observar que la gente puntúa el propio alineamiento horizontal y el de sus organizaciones por debajo de cualquier otra característica de la valoración. La brecha del autoengaño sigue subsistiendo para este elemento, aunque es un 50 por ciento inferior al de otros elementos. Este resultado indica algo importante: el alineamiento horizontal es tan escaso en la mayoría de las organizaciones que, aunque se vean afectadas por el autoengaño, a la gente le resulta difícil disimular el hecho de que a ellos mismos no se les da muy bien la cuestión. En consecuencia, las iniciativas para aumentar la conciencia horizontal dentro de y entre los equipos es una estrategia fundamental tanto para ayudar a la gente a que tome conciencia de la mentalidad dentro de la caja que ha caracterizado a una organización como para ayudar a las personas, los equipos y a las organizaciones en su conjunto a liberarse de la caja. Esta es una estrategia tan importante que Arbinger equipa a sus clientes con una serie de herramientas para ayudarles a aumentar la conciencia y el alineamiento horizontal en el seno de sus organizaciones y a reducir los objetivos que están en conflicto y los compartimentos estancos que caracterizan a las organizaciones con un escaso alineamiento horizontal.

Cómo medir la brecha del autoengaño con el Test de la Mentalidad de Arbinger

El Test de la Mentalidad de Arbinger descrito anteriormente está a tu disposición para que lo utilices. Puedes conseguir la valoración sin coste alguno en www.arbinger.com. Se trata de una herramienta de 20 preguntas que debería llevarte menos de cinco minutos completar. Al finalizarlo, recibirás un informe detallado tanto de tu mentalidad propia como de la de tu organización sobre la base de tus respuestas.

Si deseas obtener datos sobre un equipo, un departamento o toda la organización, Arbinger puede proporcionarte el acceso a la encuesta a nivel de grupo, la cual aportará una valoración a nivel de grupo que incluirá, entre otros puntos de medición, un indicador de la brecha del autoengaño en la organización. Contacta con Arbinger para generar una valoración a nivel de grupo.

Del cambio de manera de ser al cambio de mentalidad

En *La Caja* describimos dos experiencias vitales completamente diferentes: una experiencia *dentro de la caja* del autoengaño y una experiencia *fuera de la caja* del autoengaño. Por la lectura del libro, sabes que una de las diferencias fundamentales entre estas dos experiencias de vida es la manera en que vemos y experimentamos a las demás personas: cuando estamos dentro de la caja, experimentamos a los demás no como personas con vida propia, sino como objetos que están dentro de *nuestras* vidas. Cuando experimentamos a los demás de estas dos maneras, también nos experimentamos a *nosotros mismos* de manera diferente. La decisión de ver al otro como a una persona o como a un objeto depende de la elección de vernos y experimentarnos a nosotros mismos y a los demás acertada o erróneamente.

Las experiencias propias de uno mismo y de los demás son radicalmente distintas entre esas dos maneras que los filósofos denominan diferentes «maneras de ser». La decisión de pasar de vivir dentro de la caja a vivir fuera de ella (o viceversa) equivale a un cambio radical en la manera de ser de uno en el mundo, lo cual es lo mismo que decir que tal decisión cambia no solo la propia conducta, sino también los pensamientos, las emociones, las interpretaciones de los acontecimientos y los juicios del pasado, el presente y el futuro.

En los años transcurridos desde la primera edición de *La Caja*, nuestro trabajo con los clientes nos ha llevado a pulir los términos que utilizamos para hacer de una obra filosófica radicalmente lógica una labor práctica de idéntica eficacia. Hemos descubierto que los clientes pueden entender y aplicar los conceptos que enseñamos más fácilmente si definimos nuestro trabajo sobre la base del «cambio de mentalidad» y no del «cambio de la manera de ser». Puede que la razón haya que buscarla en el hecho de que el término «manera de ser», aunque transmite con precisión la profundidad esencial de la cuestión de la que nos ocupamos, también transmite una especie de seriedad que parece dificultar el cambio. El término «mentalidad», aunque también conlleva la idea de un cambio esencial, suena y parece intrínsecamente modificable, lo que realmente es.

Como parte de este proceso de perfeccionamiento, hace algunos años empezamos a hablar de «cambio de mentalidad» en lugar de «cambio de la manera de ser». Concretamente, empezamos a hablar de ayudar a las personas, los equipos y las organizaciones a cambiar las orientaciones de la mentalidad dentro de la caja por las orientaciones de la mentalidad fuera de la caja. No tardamos en descubrir lo útil que era para nuestros clientes definir de esta forma el cambio que estamos buscando.

Las ideas que exponemos en este libro siguen teniendo plena vigencia casi veinte años después. Términos como «dentro de la caja» y «fuera de la caja» se han incorporado al vocabulario cotidiano y ayudado a cientos de miles —e incluso millones— de personas. La creciente y continuada popularidad del libro —en un principio como un fenómeno de boca en boca y ahora como uno de los libros de empresa más vendidos de todas las épocas— demuestra el carácter atemporal de las ideas. A medida que te vas encontrando con el trabajo de Arbinger en su libro más reciente, *Mentalidad fuera de la caja*, las conexiones entre los libros quedan claras cuando recuerdas que la manera de estar dentro de la caja es lo que ahora con frecuencia denominamos una «mentalidad dentro de la caja», y la manera de estar fuera de la caja es a lo que nos referimos como una «mentalidad fuera de la caja».

Nuestra misión consiste en cambiar el mundo hacia una mentalidad fuera de la caja, a una persona, a una comunidad y a una organización cada vez.

Cómo utilizar *La Caja*

Nos hemos sentido complacidos y asombrados por la variedad de usos que la gente ha hecho de *La Caja*. Aunque el libro está pensado como un libro de empresa, los lectores se han dado cuenta de que sus ideas básicas son aplicables a todos los aspectos de la vida, desde la consolidación de un matrimonio duradero, por ejemplo, hasta la educación de los hijos, y desde el impulso del éxito institucional hasta la consecución de la plenitud y la felicidad personales. Ya sea en el trabajo, ya en el hogar, sus aplicaciones son amplias y diversas.

Ha sido muy interesante oír hablar a los lectores sobre sus maneras de utilizar el libro. Hemos descubierto así que sus numerosos usos entran dentro de cinco amplias categorías de la experiencia organizativa y humana. La primera de esas áreas de aplicación es la de la selección de personal. Muchas empresas utilizan el libro como un elemento esencial de su proceso de criba de solicitantes y contratación. Así, exigen que los candidatos lean el libro, y luego utilizan las charlas posteriores a la lectura con dichos candidatos para evaluar características esenciales del éxito que serían difíciles de valorar utilizando los procesos normales de selección.

Una segunda gran categoría de aplicación es la que se podría considerar como liderazgo y gestión de equipos. Esta aplicación está bastante clara en el propio libro, ya que la medida en que uno esté dentro de la caja en relación con los demás tiene enormes repercusiones sobre la capacidad de esa persona para cooperar con los demás y dirigirlos. Y esto es tan verdad en casa como en el trabajo.

La tercera área de aplicación es la de la resolución de conflictos. Si lo piensas, la única cosa de la que cada parte en un conflicto está segura es que el conflicto es culpa del otro. Esto significa que no puede haber una solución duradera a un conflicto dado a menos que aquellos que son responsables superen la ceguera del autoengaño y empiecen a considerar su propia culpabilidad. Esto, asimismo, es tan cierto en casa como lo es en el trabajo.

Un cuarto ámbito de aplicación se presenta casi al final del libro. La solución del autoengaño conforma una base sobre la que las organizaciones de todo tipo pueden levantar sólidos sistemas de rendición de cuentas y asunción de responsabilidades. La razón para esto es que, una vez fuera de la caja, la gente no siente la necesidad de culpabilizar ni de eludir la responsabilidad. Por consiguiente, salir de la caja abre a las organizaciones a un nivel de iniciativa responsable que las empresas atrapadas por la caja no pueden alcanzar.

Una última área de aplicación podría ser denominada «crecimiento y desarrollo personales» en un sentido amplio. Salir de la caja lo mejora todo en la vida: por ejemplo, los pensamientos sobre los demás, los sentimientos sobre uno mismo, las esperanzas para el futuro y la capacidad para realizar cambios en el presente. Por estos motivos, el libro ha adquirido una gran popularidad entre coaches, mentores y psicoterapeutas.

Así pues, y resumiendo, la infinidad de maneras en las que las personas han utilizado este libro y sus ideas están comprendidas en cinco amplios campos de aplicación: (1) selección y contratación de personal, (2) liderazgo y gestión de equipos,

(3) resolución de conflictos, (4) responsabilidad y transformación, y (5) crecimiento y desarrollo personales. A continuación, examinamos con más detalle algunos de los usos concretos que las personas han estado haciendo de este libro en cada una de esas áreas.

Selección y contratación de personal

Muchas organizaciones utilizan el libro para sus procesos de selección. Como parte del proceso de selección se exige a los candidatos a un puesto que lean el libro. A continuación, los entrevistadores hacen hincapié en la importancia de las ideas complementarias del libro de ver a los demás como personas y de centrarse en los resultados. De este modo, destacan que dificultar las cosas a los demás y tratarlos como objetos no está permitido y que tal comportamiento será motivo de despido. Esto establece unas expectativas claras antes incluso de que una persona sea contratada, y ayuda a descartar a aquellos individuos que no estén dispuestos a comprometerse con la manera de trabajar fuera de la caja.

He aquí lo que uno de nuestros clientes institucionales escribió sobre la utilización de este libro:

> Exigimos que todos los aspirantes lean el libro y vengan preparados para conversar sobre *La Caja* en la segunda entrevista. En concreto, les pedimos que nos hablen de los descubrimientos que han hecho mientras leían el libro. Esto nos ayuda a valorar más rápidamente hasta qué punto alguien está dispuesto a plantearse su parte de responsabilidad en los problemas que se encuentren en su trabajo o con los demás, un indicador fundamental de aquellos que pros-

perarán en nuestra empresa. Realizar la selección de esta manera nos ha ayudado a conseguir el índice más bajo de rotación en nuestro sector entre los responsables de unidades de negocio, algo que se ha convertido en una de nuestras ventajas competitivas principales. Una detenida lectura del libro también nos ayuda a mejorar la formación de los responsables para que identifiquen los síntomas y las señales de la tendencia a resistirse de los candidatos, lo cual nos ayuda a evitar contrataciones que siempre son onerosas: actitudes defensivas, exagerada opinión de la propia contribución al éxito, culpabilización, complacencia, etcétera. Nos tomamos esto tan en serio que proporcionamos formación continuada a todos los directivos sobre la aplicación de los principios de *La Caja* en la selección, a fin de garantizar que los responsables de las unidades de negocio adquieran esta capacidad de gestión fundamental.

Liderazgo y gestión de equipos

Hemos oído contar a numerosas empresas cómo la mera difusión de *La Caja* entre sus empleados ha mejorado de manera espectacular la colaboración y el trabajo en equipo en todas sus organizaciones. Algunas de estas empresas piden o animan a todos sus empleados a leer el libro, mientras que otras se concentran en los directivos de cierto nivel. Otras hacen un seguimiento con grupos de debate donde los compañeros se ayudan mutuamente a aplicar las ideas a sus situaciones laborales. Muchas de estas empresas también contratan la ayuda de Arbinger, y nosotros apoyamos sus iniciativas con formación y consultoría, sobre las aplicaciones de nuestro trabajo al liderazgo y la gestión de equipos.

Los resultados son espectaculares. Desde jefes de grupo hasta directores generales globales, a menudo oímos hablar de cómo el libro ha cambiado completamente la manera en que se ven a sí mismos y se relacionan con sus equipos. Por ejemplo, hemos oído hablar a mucha gente de la mejora espectacular del CEO de su empresa o de su inmediato superior, de la misma manera que Lou mejoraba en el libro. Un responsable escribió: «Ya no entramos en la caja tan a menudo, y cuando entramos, salimos mucho más rápidamente, porque identificamos las señales de peligro y sentimientos que coinciden con la caja. Nuestras reuniones son menos conflictivas, y las personas se muestran más pacientes unas con otras. Es como si hubiésemos sido lubricados con una especie de aceite en la empresa, permitiéndonos ser más sinceros sobre nosotros mismos y más respetuosos con los demás».

Una empresa nos escribió para contarnos que cuando contratan a nuevos responsables de unidades de negocio, los hacen participar en una versión condensada de los encuentros de Bud con Tom del libro. Al igual que los personajes de *La Caja*, lo llaman cariñosamente «las Reuniones de Bud». En tales reuniones, entre otras cosas, imparten enseñanzas a su gente sobre el problema del autoengaño y su influencia en el propio trabajo, hacen hincapié en la necesidad de centrarse plenamente en los resultados, en lugar de en uno mismo y de justificarse, y orientan a sus empleados en el sentido de que se les exigirá que se centren en los resultados que se basan en las enseñanzas del libro.

Sin embargo, la utilización del libro para los fines del liderazgo y la gestión de equipos no se ha detenido en las puertas de las empresas. La gente que ha leído el libro por motivos laborales suele llevárselo a casa y hacerlo circular también entre sus familiares. Las parejas y sus hijos suelen leer el libro juntos y aplicar sus enseñanzas a las situaciones familiares. A menudo oímos a personas que nos dicen que sus vidas personales se han visto sumamente enriquecidas por el libro. Aun a riesgo de parecer excesivamente dramáticos, un ejecutivo nos comunicó que el libro había salvado la vida de su hijo. Otro que padecía una depresión nos confesó que el libro le había salvado la suya.

Un tercero contó lo siguiente después de leer el libro:

Me temo que mis palabras no transmitirán el impacto que tres horas de lectura acaban de tener sobre mi vida, mi liderazgo y mi futuro. Tengo que decirles que no hubo demasiados momentos de cambio vital mientras leía el libro, pero hoy he tenido uno. Este libro es tan irresistible que se lo entregué a mi esposa cuando llegué a casa y sentí que tenía que compartirlo con todo mi equipo. Voy a tener un taller de lectura del libro con mi equipo, y luego entablaremos un debate sobre su contenido. Aunque es posible que necesite leerlo un par de veces más yo solo, porque estoy seguro de que todavía no lo he entendido..., igual que Tom.

Podríamos continuar indefinidamente, porque los usos que la gente ha hecho del libro para establecer relaciones y mejorar la colaboración son casi infinitos. Sin embargo, cuando se utiliza el libro de esta forma, hemos aprendido un truco importante: el título [la traducción literal del original inglés sería *Liderazgo y autoengaño*] del libro puede parecer acusatorio. Por esta razón, con frecuencia es útil decir algo como lo que sigue cuando se le da el libro a alguien: «Este es un libro que te ayudará a entender cómo tratar conmigo cuando me comporte como un verdadero imbécil». En tal invitación no hay nada de acusatorio, y la gente lo leerá y sabrá si está preparada para aprender.

Resolución de conflictos

El departamento de policía de una de las principales ciudades de Estados Unidos ha utilizado las ideas contenidas en *La Caja* y en su libro complementario, *De la Guerra a la Paz* o *Anatomía de la Paz*, para cambiar radicalmente la manera en que se relacionan con la gente en situaciones sumamente impredecibles. Por ejemplo, cuando realizan una redada antidroga, su comprensión de la importancia de su manera de estar y de ver a los demás como personas les ha proporcionado los medios para aliviar rápidamente las tensiones y restablecer la calma y el orden, reduciendo al mínimo las experiencias traumáticas de terceros inocentes, mientras se aseguran con rapidez la cooperación de las personas.

Este planteamiento combina las ideas relativas al estar fuera de la caja de *La Caja* con la Pirámide de Influencia de *De la Guerra a la Paz* o *Anatomía de la Paz*. Por ejemplo, una vez que se derriba una puerta y se detiene a los sospechosos, los agentes de policía empiezan a atender de inmediato las necesidades de los sospechosos y de otras personas que pudieran encontrarse en la escena. ¿Necesitan beber agua, por ejemplo, o utilizar el cuarto de baño? ¿Están cómodos? ¿Hay alguna otra cosa que el agente pueda hacer por ellos? Y así sucesivamente. Según informan, desde que han empezado a centrarse en ver a toda la gente con la que se topan —incluidos los sospechosos— como personas, las quejas de la comunidad sobre la conducta policial han descendido hasta prácticamente desaparecer. Aunque este planteamiento puede resultar menos espectacular de lo que el público está acostumbrado a ver por televisión, ha demostrado ser mucho más eficaz para las fuerzas del orden.

Muchos jueces en casos de mediación están exigiendo a las partes que lean *La Caja* antes de seguir adelante con su mediación. Nos hemos enterado de muchas historias de litigantes que han arreglado sus diferencias por sí solos después de leer el libro. Incluso cuando eso no sucede, los conceptos contenidos en los libros facilitan un lenguaje común y una comprensión que permite que la mediación avance eficazmente. A mayor profundización, los jueces y los mediadores afirman que los libros los preparan para permanecer fuera de la caja —y, por consiguiente, para ser más eficaces— incluso cuando las partes se están destrozando mutuamente y las cosas se ponen verdaderamente difíciles. Estos profesionales han descubierto que estar fuera de la caja es el rasgo que determina la utilidad de todos los conocimientos de mediación que hayan adquirido alguna vez.

El libro no se utiliza solo en las mediaciones, sino también de forma más general en todo el sistema de justicia. Un abogado nos escribió: «Imagínense utilizar estos conceptos para ayudar a un cliente a ver que un problema anteriormente considerado como insalvable es, en realidad, susceptible de una solución no litigiosa. O imaginen utilizar las ideas para ayudar a que un cliente comprenda las razones del fracaso de una negociación y sugerir un acercamiento entre las partes que consiguiera que vuelva a funcionar». Como ejemplo de esta clase de aplicaciones, después de leer *La Caja*, el director general de una empresa llamó a su homólogo de una empresa proveedora a la que su compañía había demandado y le sugirió que se reunieran para ver si podían resolver sus diferencias. ¡No solo las resolvieron sin ir a juicio, sino que acordaron seguir haciendo negocios juntos!

La utilidad del libro en situaciones conflictivas no queda limitada al sistema judicial, claro está. A menudo oímos a personas que afirman haber salvado su matrimonio por leer el libro, por ejemplo, o que este les permitió limar asperezas con su jefe o un colega. Un grupo de profesores de un colegio nos informó de que su ambiente laboral conflictivo se convirtió en una cultura de colaboración por el mero hecho de hacer que todos leyeran el libro y luego se reunieran a lo largo de una serie de sesiones para hablar de lo que habían aprendido. De igual manera, los responsables de una importante corporación fueron capaces de resolver una costosa controversia entre los trabajadores y la dirección después de que ellos y sus interlocutores sindicales leyeran el libro.

La razón de que *La Caja* haya sido tan decisiva ayudando a la gente a resolver conflictos es que descubren a los lectores de qué manera han contribuido ellos a crear los mismos problemas que han atribuido a los demás. Esta es la esencia de la solución del autoengaño: el descubrimiento de cómo cada uno de nosotros tiene el problema de no saber que tiene un problema. Comprender esto es lo que hace que la resolución del conflicto sea posible.

Transformación de la responsabilidad

Los directivos suelen utilizar el libro para ayudar a recuperar empleados que perderán su puesto a menos que se produzcan algunos cambios importantes. En muchos casos, el libro ayudó a estos empleados a ver algunos problemas que jamás habían podido ver y a tomar las medidas correctoras necesarias para salvar su vida profesional.

Por ejemplo, un señor de unos cincuenta años llevaba trabajando en la misma empresa casi tres décadas. Aunque era un hombre de talento, los problemas interpersonales le impedían ascender en el escalafón. A medida que año tras otro no le consideraban para un ascenso, su enfado iba en aumento. Al final, ascendieron a un individuo una generación más joven que él y se convirtió en su jefe, y el enfado del hombre se transformó en ira. Su antiguo jefe le dio un ejemplar de *La Caja* con la esperanza de que el hombre se viera con claridad, quizá por primera vez.

Nuestro personaje leyó el libro dos veces. La primera vez que lo terminó, pensó que el libro ignoraba ingenuamente lo que para él era el principal problema de la mayoría de las empresas: el politiqueo. Sin embargo, a la segunda lectura empezó a abrirse a la posibilidad de que, al menos en parte, fuera responsable de su suerte. Empezó a pedirles a algunos de sus viejos colegas que le dieran su opinión acerca de cómo influía él en los que lo rodeaban. Al contrario que en años anteriores, se limitó a escuchar sin tratar de defenderse. Se sintió avergonzado por lo que oyó y empezó a responsabilizarse de las cuestiones de las que siempre había acusado a los demás.

Quedó vacante para un puesto de supervisor temporal de un equipo que históricamente había tenido un rendimiento bajo. Pidió que le dieran la oportunidad de dirigir el grupo. En su primer día de trabajo, le dijo a su equipo: «Os puedo prometer una cosa. Todos los días, procuraré con todas mis fuerzas veros y trataros como personas. Podéis estar seguros de eso. Si no lo hago, venid y decídmelo para que pueda cambiar». El primer mes, el equipo batió todos los registros de producción. Al mes siguiente, fue el único equipo de la empresa en superar los objetivos. A partir de entonces, siguieron mejorando cada mes, y los compañeros supervisores del hombre se preguntaban qué había sucedido.

Lo que sucedió, claro está, fue que el hombre empezó a responsabilizarse, en lugar de esperar a que los demás le pidieran cuentas. Y ese sencillo cambio lo modificó todo. Este es el tipo de transformación a la que *La Caja* invita.

Con este ánimo, un director general, después de leer *La Caja*, se despidió a sí mismo y contrató a una persona más capacitada para ocupar su puesto. Otro, en lugar de elaborar un informe incendiario que habría provocado una profunda escisión en su empresa por la búsqueda de culpables, redactó una disculpa para su empresa por los errores que él mismo había cometido y que los había conducido al fracaso. La empresa lo respaldó con un compromiso y una energía renovados.

El libro llevó a otro CEO a establecer una nueva manera de afrontar los problemas en la empresa. Mientras que antes se habría dirigido a la persona que consideraba causante del problema y le habría exigido que lo solucionara, empezó a considerar la manera en que él mismo habría contribuido al problema. Luego, convocó una reunión que incorporó a todos los integrantes de la cadena de mando hasta el nivel donde el problema se había manifestado. Entonces expuso todas las maneras que él creía habían contribuido negativamente a la cultura que había producido el problema y propuso un plan para rectificar los actos con los que él había contribuido al problema. Acto seguido, invitó a su inmediato subordinado a hacer lo mismo. Y así sucesivamente hasta el final del escalafón. Cuando se llegó a la persona más directamente responsable del problema, esta se responsabilizó de manera pública de su contribución al problema y entonces propuso un plan sobre lo que iba a hacer al respecto. De esta manera, un problema que había perdurado literalmente durante años se resolvió casi de la noche a la mañana cuando los responsables dejaron de culpar a los demás sin más y empezaron a responsabilizase exclusivamente de sí mismos. Ahora, este es el modelo que se sigue en la empresa para resolver todos los problemas que se encuentran.

Este nivel de responsabilidad personal en una organización sería el sueño de todos los líderes. Lo que nuestra experiencia nos demuestra, y lo que tratamos de transmitir en este libro, es que, para pasar de soñar simplemente con una cultura de asunción de responsabilidades y rendición de cuentas a vivirla de verdad, la responsabilidad tiene que empezar por el líder, ya sea este el director general, el vicepresidente de una división, un jefe directo o un padre o una madre. Los líderes más eficaces dirigen de esta única forma: responsabilizándose a sí mismos más que a los demás.

Crecimiento y desarrollo personales

La Caja fue descubierta desde el principio por miembros destacados del coaching, tanto personal como ejecutivo. Ahora es un libro básico para muchos profesionales del coaching y la asesoría, porque resulta ser una herramienta sumamente valiosa para ayudar a sus clientes con las cuestiones de crecimiento personal. El libro también es utilizado de forma general por psicoterapeutas y orientadores, porque los profesionales de la salud mental encuentran que el modelo conecta con las personas en aspectos que mejoran de manera significativa la eficacia de sus servicios.

El libro también es utilizado como un texto básico en muchos cursos universitarios y escuelas de negocios. Los profesores encuentran que las ideas contenidas en el libro proporcionan una base fundamental de muchas áreas de estudio, desde la ética y la gestión empresarial hasta la conducta organizativa y la psicología.

Una destacada facultad de farmacia de los Estados Unidos hace que todos sus alumnos de primer año lean el libro con fines orientativos. Luego, los profesores se reúnen con los alumnos en sesiones de dos horas para hablar de los conceptos y de su importancia para la profesión.

Otra universidad ofrece *La Caja*, junto con un curso de apoyo, a todos sus alumnos como parte de una iniciativa para fomentar la aproximación entre culturas. Una destacada facultad de derecho utiliza los libros de Arbinger como plan de estudios para un curso de un semestre de duración sobre derecho y liderazgo.

Muchos programas de tratamiento proporcionan ejemplares de los libros a los familiares de sus clientes, a fin de ayudar a los principales tutores a implicarse de nuevo con sus hijas e hijos y otros seres queridos de una manera más saludable y afectuosa.

A menudo nos llegan noticias de lectores que trabajan con otras personas en torno a estos materiales. Esta cooperación adopta muchas formas. En Japón, por ejemplo, los clubes «fuera de la caja» en ciudades de todo el país facilitan un espacio donde los lectores pueden ayudarse mutuamente a entender estos conceptos. En Estados Unidos, algunas actividades en los campus universitarios ofrecen a los estudiantes los medios para reunirse y debatir estas ideas. Arbinger dispone también de una comunidad global en la Red a través de su portal arbinger.com, donde los lectores y los profesionales de Arbinger de todo el mundo pueden analizar las implicaciones teóricas y prácticas del trabajo.

Aquellos que quieran dar el siguiente paso pueden contratar a un consultor de Arbinger para que le ayude personalmente en la aplicación de *La Caja* a su vida profesional y personal o puede contratar a Arbinger para la realización de actividades de cambio a nivel de organización y de equipo. Los servicios pueden concertarse a través de la página web de Arbinger. Además, se ofrecen talleres públicos en ciudades de todo el mundo. También existen opciones de formación avanzada. Las opciones de formación se especifican en la página web de Arbinger en www.arbinger.com.

Un extracto
de *Mentalidad fuera de La Caja*

La Caja y *De la Guerra a la Paz* o *Anatomía de la Paz* ayudan a la gente a ser conscientes de un problema que no sabían que tenían. Los libros preparan a los lectores para entender de qué manera pueden salir de la caja y dialogar con los demás de manera más productiva y con un espíritu más colaborador. El último éxito de ventas de Arbinger, *Mentalidad fuera de la caja*, pormenoriza la manera de implantar y mantener ese cambio en las organizaciones. Lee el capítulo 1 de *Mentalidad fuera de la caja*.

1. Una estrategia diferente

Dos furgones negros serpentean por la Wabash Avenue en Kansas City, Missouri. En su interior se encuentran los miembros de un equipo SWAT (del inglés Special Weapons And Tactics, una unidad de élite) del departamento de policía de Kansas City (KCPD, por sus siglas en inglés). Están a punto de ejecutar una orden de registro de alto riesgo por drogas, la quinta de ese día. En este caso, los delincuentes son tan peligrosos que el equipo ha obtenido una orden especial que les permite allanar la vivienda sin previo aviso. Están vestidos de negro de los pies a la cabeza, con máscaras que solo dejan entrever sus ojos. Los cascos y los chalecos antibalas les dan un aspecto intimidatorio.

El sargento Charles «Chip» Huth, líder de la brigada SWAT 1910 desde hace ocho años, conduce el primer furgón. Aminora la marcha cuando avistan la vivienda y se detiene para que sus hombres puedan salir de los vehículos tan rápida y silenciosamente como sea posible.

Tres agentes corren hasta la parte trasera de la casa y se ponen a cubierto para evitar una posible huida de los delincuentes. Otros siete, entre ellos Chip, se dirigen a la puerta principal. Seis de ellos han desenfundado las pistolas y, el séptimo, utiliza un ariete para echar la puerta abajo.

«¡Policía!», gritan. «¡Todo el mundo al suelo!» El interior de la casa es un desastre. Los delincuentes tratan de escapar del salón subiendo las escaleras o corriendo por el pasillo. También hay unos niños que gritan, paralizados. Varias mujeres se echan al suelo aterrorizadas, protegiendo a los niños que chillan desesperados.

Dos de los hombres —que resultan ser los dos sospechosos— intentan hacer uso de sus armas, pero son reducidos por los agentes. «¡Ni lo intentéis!», les gritan. Luego, les ponen los brazos a la espalda y los esposan.

Con los niños, la escena es más dramática de lo habitual, pero en cinco minutos los dos sospechosos ya están inmovilizados en el suelo y el resto de los inquilinos están agrupados en el salón.

Cuando la situación está controlada, los policías empiezan el registro. Lo hacen sabiendo bien lo que buscan y con precisión. Chip se da cuenta de que la punta de lanza de su equipo, Bob Evans, se va de la sala, y da por supuesto que va a ayudar a los demás con el registro.

Un par de minutos después, Chip pasa por la cocina de camino al recibidor y ve a Bob delante del fregadero. Momentos antes, Bob había estado buscando en los armarios de la cocina un polvo blanco, pero no se trataba de la sustancia ilegal que querían confiscar, el cuerpo del delito, sino de un polvo blanco de una importancia inmediata mucho mayor. Buscaba Similac (fórmula alimenticia para lactantes). Con los niños llorando y las madres comprensiblemente histéricas, el macho alfa más macho alfa de todo el equipo piensa en una manera de ayudarlos. Cuando Chip lo ve en la cocina, está preparando unos biberones.

Bob mira a Chip con una sonrisa cómplice y se encoge de hombros. Luego toma los biberones y los reparte entre las madres de los niños. A Chip le parece una acción encomiable. A él mismo no se le había ocurrido pensar en ello, pero entiende completamente qué es lo que hace Bob y por qué.

Este acto de sensibilidad cambia el ambiente de toda la escena. Todos se calman, y Chip y sus hombres pueden explicar la situación con tranquilidad y luego pasar la custodia de los dos sospechosos a los agentes de policía. No obstante, preparar el biberón de los niños es un acto tan inusual e impredecible que muchos policías —incluso los del equipo SWAT, apenas unos años antes— lo consideran irracional. Pero, en la brigada de Chip, este tipo de sensibilidad es la norma.

No siempre fue así. Para apreciar esta transformación notable en la brigada SWAT 1910, es preciso que sepamos algo de los antecedentes de Chip y de su historia en el Departamento de Policía de Kansas City.

Chip nació en 1970, hijo de un criminal agresivo y alcohólico, y de una madre con esquizofrenia bipolar. Cuando el padre vivía con la familia, era un prófugo de la ley y cambiaban de estado continuamente por el sur de Estados Unidos. Cuando el padre no estaba, Chip, sus hermanos y su madre vivían en un coche y debían recoger latas y cartón para reciclarlos y así ganar algo de dinero.

Una vez, el padre volvió con la familia y prometió que las cosas serían diferentes, pero, por el contrario, la violencia fue cada vez más habitual. Chip, que por entonces tenía diez años, se enfrentó a él y esto hizo que su madre se decidiera a llamar a la única persona que temía su marido: su propio hermano, exmiembro de las Fuerzas Especiales, que vino a rescatar a la familia. «Estoy aquí para llevarme a mi hermana y los niños —le advirtió al padre de Chip—. Si te atreves a levantarte del sofá, será la última cosa que hagas.» Y esa fue la última vez que Chip vio a su padre.

El padre de Chip odiaba a los policías, lo cual fue la razón principal para que Chip se convirtiera en uno de ellos. Se unió a la KCPD en 1992. Después de tres años como patrullero, lo transfirieron a un equipo SWAT. Cuatro años después, lo contrataron como instructor de armas de fuego y de uso de la fuerza en la academia de policía. En 2004, lo ascendieron a sargento del SWAT. El jefe de policía pensó que las brigadas SWAT 1910 y 1920, que son el brazo ejecutor de la Oficina de Investigación del departamento de policía, estaban fuera de control. Chip era el sargento de hierro que necesitaban para enderezarlas.

Lo que el jefe tal vez no sabía, sin embargo, era que por aquella época Chip estaba mejor preparado psicológicamente para *liderar* una brigada de este tipo que para cambiarla. Entrenó a sus hombres con un alto nivel de exigencia para poder pedirles el máximo si era necesario. Siempre que se sentía amenazado, reaccionaba con violencia, y era tan inestable que sus compañeros de equipo no se atrevían ni a mover un dedo sin su permiso.

Pero con los demás era incluso más duro. Tal como veía las cosas, en el mundo había personas realmente malvadas (y lo sabía porque había crecido con una de ellas), y las debía tratar de una manera que les hiciera arrepentirse de haber cometido un crimen. Cuando arrestaban a alguien, no tenían compasión. Y no les preocupaba mucho ni la propiedad ni las mascotas de la gente. No era extraño que alguno de los hombres de Chip escupiera tabaco en el mobiliario de un sospechoso, por ejemplo, o que le pegara un tiro a un perro potencialmente peligroso.

La brigada de Chip era una de las más problemáticas del KCPD. En cierta forma, no era una sorpresa, puesto que los agentes SWAT suelen generar más problemas en las calles que los agentes ordinarios. Pero, aun así, el índice de quejas era alarmante, y los costes de los subsiguientes litigios estaban agotando los recursos del departamento. Pero Chip no consideraba que esto fuera un problema. Creía que sus hombres interaccionaban con la gente de la única manera que podían hacerlo. De hecho, pensaba que cuantas más quejas recibiera su brigada, más pruebas tenía de que estaban haciendo bien las cosas.

Dos años después de que Chip se hiciera cargo de la brigada SWAT, otro agente del KCPD, Jack Colwell, le ayudó a descubrir nuevas verdades sobre sí mismo que lo dejaron consternado: se dio cuenta de la persona en la que se había convertido y de cómo su actitud y métodos estaban, de hecho, mermando su efectividad y poniendo a sus hombres y misiones en riesgo. Esta revelación coincidió con una charla perturbadora que Chip tuvo con su hijo de quince años, Jack. Un día, de vuelta a casa en coche después del colegio, Chip percibió que algo le estaba rondando por la cabeza a su hijo. Así que empezó a hacerle preguntas, pero sin obtener respuesta.

«¿Por qué no me dices qué es lo que te pasa?», preguntó Chip. «No lo entenderías», respondió su hijo. «¿Por qué?» Entonces, su hijo le dio una respuesta que preparó el terreno para que Chip escuchara lo que tenía que decirle Jack: «Porque eres un robot, papá».

Este comentario le caló hondo. Chip empezó a preguntarse qué tipo de persona era. Había creído que la sospecha y la agresión eran necesarias para sobrevivir y triunfar en un mundo violento, conflictivo y corrupto. Pero comenzó a darse cuenta de que ser el tipo de persona que era no ayudaba a acabar con la corrupción y la violencia; de hecho, las fomentaba.

Estos hechos impulsaron a Chip a llevar a cabo un cambio, un empeño que tuvo como resultado la transformación total del trabajo que hacía su brigada. Solían recibir de dos a tres denuncias al mes, la mayoría por uso excesivo de la fuerza. De media, estas denuncias costaban al departamento unos 70.000 dólares. Pero, después del cambio, no tuvieron una denuncia en seis años. Ahora, es muy raro que dañen el mobiliario o que disparen a un perro. Incluso han contratado a un especialista en perros para que les enseñe formas de controlar a animales potencialmente peligrosos. Y nunca escupen tabaco. Chip dijo a sus hombres: «A menos que me demostréis que escupir tabaco en casa de la gente conlleve un progreso en la misión, no vamos a hacerlo más». Y, por supuesto, preparan biberones.

Estos cambios han aumentado la cooperación de los sospechosos y de la comunidad con Chip y su brigada, y los resultados son sorprendentes. Además de haber reducido las denuncias a cero, tres años después de adoptar esta estrategia la brigada incautó más droga y armas ilegales que en toda la década anterior.

¿Qué transformó la efectividad y la estrategia del equipo? Un tipo de mentalidad que los miembros nunca antes habían tenido: una manera de ver y pensar que llamamos *mentalidad fuera de la caja*.

Mark Ballif y Paul Hubbard, co-CEOs de una empresa de cuidados de la salud muy respetada, han creado su organización poniendo en práctica un tipo de mentalidad fuera de la caja muy parecida a la que usó Chip con su brigada. Hace unos años, se reunieron con los dirigentes de un fondo de inversión en Nueva York. Con un crecimiento anual compuesto del 32 y el 30 por ciento en los ingresos y la rentabilidad, respectivamente, durante los cinco años anteriores, para Mark y Paul no había sido difícil reunirse con inversores potenciales.

«¿Así que habéis reflotado más de cincuenta centros sanitarios?», preguntó el socio director de la empresa.

Mark y Paul asintieron.

«¿Cómo lo habéis hecho?»

Mark y Paul se miraron esperando a que respondiera el otro. «Todo depende de encontrar y formar a los líderes adecuados», contestó finalmente Mark.

«Y, ¿cuál es la característica más importante que buscáis en un líder?» Mark y Paul sintieron como si les estuvieran interrogando.

«Humildad —respondió Paul—. Es lo que diferencia a los líderes que pueden reflotar un centro de los que no pueden hacerlo. Los líderes que triunfan son lo suficientemente humildes para ver más allá de sí mismos y percibir las verdaderas capacidades y potenciales de su gente. No pretenden saber todas las respuestas. En lugar de esto, crean un entorno en el que se anima a las personas a asumir la responsabilidad de encontrar las respuestas a los problemas a los que se enfrentan ellos y los centros.»

El resto de los miembros del fondo de inversión miraron al socio director que permanecía impasible.

«¿Humildad? —balbuceó con tono condescendiente—. ¿Me estáis diciendo que habéis adquirido cincuenta centros y los habéis reflotado gracias a que buscáis líderes con *humildad*?»

«Sí», contestaron sin dudar Mark y Paul.

El socio director les clavó la mirada un momento. Luego, se apartó de la mesa y se puso en pie. «Eso no cuenta para mí.» Les estrechó las manos, se dio la vuelta y salió de la sala dejando atrás una oportunidad de inversión tentadora en una empresa con un historial envidiable. Lo que no podía entender era que los resultados de la empresa dependieran de líderes humildes que «veían más allá de sí mismos», como describió Paul.

Casi quince años antes, Mark, Paul y otro socio decidieron probar suerte fundando su propia compañía. Entre ellos, no tenían más de diez años de experiencia en el sector de cuidados de la salud, pero vieron la oportunidad de crear una organización única en una industria plagada de problemas. Así que empezaron a adquirir los centros sanitarios con problemas que vendían sus competidores de forma desesperada. Estaban convencidos de que el ingrediente clave que faltaba no eran las personas ni los lugares en sí, sino la mentalidad adecuada. Implementaron una estrategia sistemática para poner en práctica los principios expuestos en este libro.

Mark explica su experiencia de esta forma: «Algunos de nuestros competidores no pudieron deshacerse de los centros y el personal con la suficiente rapidez, porque pensaban que, sencillamente, sus trabajadores no eran competentes. Nuestra tesis fue que podíamos hacernos cargo de un centro médico mal dirigido y, por lo tanto, con un rendimiento bajo, y hacer ver al equipo existente todo lo que era posible para que *ellos* cambiaran la dinámica por completo».

Cuando adquirieron los primeros centros, se dieron cuenta de que se repetía un mismo patrón, casi sin excepción. El director saliente, intentando hacerles un favor, les daba una lista de los cinco miembros del personal que deberían despedir si esperaban tener alguna posibilidad de revertir la situación. «Les dábamos las gracias por la lista y nos poníamos manos a la obra —recuerdan Paul y Mark—. En todos los casos, cuatro de esas personas resultaban ser los trabajadores que mejor rendían después.»

Piensa en lo que significa esto. Si aquellos a los que habían identificado como el problema podían, después de someterlos a un nuevo liderazgo y estrategia, ser los trabajadores que más rendían, entonces la mejora organizativa, incluso el darle la vuelta a la situación, no consistía tanto en deshacerse de estas personas sino en ayudarles a ver más allá de sí mismas. La cuestión era un cambio de mentalidad.

«Los líderes se equivocan —razona Paul—, cuando llegan a una empresa y dicen: "Esta es la visión. Ahora, ejecutad lo que yo veo". Desde nuestra perspectiva, es un error.» Y continúa: «Aunque los líderes deben proporcionar una misión o contexto, y enmarcar lo que es posible, los líderes buenos, los humildes, también ayudan a los demás a ver. Cuando las personas ven, son capaces de utilizar toda su voluntad e iniciativa. Al hacerlo, se apropian de su trabajo. Al tener la libertad de ejecutar lo que ven, en lugar de simplemente llevar a cabo las instrucciones del líder, pueden cambiar de dirección en cualquier momento para adaptarse a las necesidades específicas que son cambiantes en cada situación. Este tipo de agilidad y rapidez de reacción es algo que no se puede dirigir, forzar u organizar».

Mark y Paul aprendieron esto muy pronto, cuando se pusieron al frente ellos mismos de los primeros centros médicos. Prestando atención a cada caso, acabaron preparando un montón de biberones: es decir, asumiendo la responsabilidad de hacer lo que requiriera cada situación. A medida que adquirían más centros, necesitaron otros líderes que actuaran a partir de una mentalidad fuera de la caja: personas que también prepararían todos los biberones que fueran necesarios y ayudarían a los demás a hacer lo mismo.

En este libro explicamos cómo ayudar a liberar este tipo de colaboración, innovación y sensibilidad: cómo sentir una forma de ver, pensar, trabajar y liderar que ayude a los individuos, equipos y organizaciones a mejorar su rendimiento significativamente.

Al principio, es posible que te sientas como el líder del fondo de inversión que se marchó de la reunión con Mark y Paul. Quizá no veas sentido en las ideas que vamos a exponer, y te preguntarás cómo estos conceptos te van a ayudar a superar los obstáculos a los que te enfrentas en este momento. Te invitamos a que te quedes en la reunión. Aprenderás una manera factible, repetible y expansiva de transformar el rendimiento de los individuos, los equipos y las empresas.

E, igualmente importante, empezarás a ver las situaciones fuera de la oficina desde una nueva perspectiva. Aprenderás formas nuevas y mejores de interactuar con aquellos a los que más quieres, incluso con aquellos con los que te cuesta más relacionarte. Todo aquello que se puede aplicar a los trabajadores de una empresa se puede aplicar también a tus familiares, y viceversa. Esta es la razón por la que incorporamos historias de las empresas, del hogar y de los individuos. Cualquier lección que se aprenda en uno de estos ámbitos se podrá aplicar a los demás.

Nuestro viaje empieza con una idea que Chip, Mark y Paul consideran fundamental: la mentalidad dirige y forma todo lo que hacemos: *cómo interactuamos con los demás y cómo nos comportamos en cada momento y situación.*

Sobre el Instituto Arbinger

El Instituto Arbinger proporciona formación, consultoría, coaching y herramientas digitales para ayudar a las personas y organizaciones a cambiar la mentalidad, transformar la cultura, acelerar la colaboración y la innovación, resolver conflictos y mejorar los resultados de manera sostenible.

Arbinger presentó sus ideas a los lectores de todo el mundo con su primer libro, *La Caja*, en el año 2000. El libro es un fenómeno del boca oreja que ha sido traducido a más de 30 idiomas. A esta obra le siguió en 2006 un segundo *best seller* internacional, *De la Guerra a la Paz* o *Anatomía de la Paz*, que presentaba el enfoque exclusivo de Arbinger para la resolución de conflictos y el crecimiento personal. *Mentalidad fuera de la caja*, publicado en 2016, detalla cómo ayudar a cambiar a las personas, equipos y organizaciones desde una mentalidad dentro de la caja a una mentalidad fuera de la caja.

Como resultado de su experiencia de 35 años con los clientes, en la actualidad, Arbinger es considerado un líder mundial en los campos del cambio de mentalidad, el liderazgo, la gestión de equipos, la resolución de conflictos, la estrategia y el cambio de cultura. Los clientes del Instituto Arbinger van desde personas que buscan ayuda en sus vidas personales a muchas de las empresas más importantes y organismos públicos del mundo.

El interés mundial en el trabajo de Arbinger ha impulsado el crecimiento de la organización en todo el globo. Con sede en Estados Unidos, actualmente tiene sucursales en casi 30 países, incluyendo todo el continente americano, Europa, África, Oriente Medio, India, Oceanía y Asia.

Proceso y misión de Arbinger

La misión del Instituto Arbinger es cambiar la mentalidad del mundo, la de ayudar a las personas, equipos y organizaciones a salir de la caja y estar más conectadas, ser más conscientes y estar más atentas a las necesidades, objetivos y retos de los colegas, vecinos, familiares e incluso rivales. Trabajamos con organizaciones tanto grandes como pequeñas muy conocidas con absoluta discreción, ayudándolas a convertirse, en sus respectivos mercados, en el equivalente de Zagrum Company en el suyo.

En nuestro trabajo con los clientes seguimos un proceso dividido en cinco etapas: (1) evaluación, (2) formación, (3) implementación, (4) reevaluación, y (5) seguimiento y apoyo. Antes de comprometernos, valoramos el rendimiento de la organización a fin de establecer un punto de referencia desde el que poder decidir las mejores líneas de actuación y con el cual medir los progresos del cliente. Para obtener este punto de referencia, nos valemos de unos parámetros organizativos clave y aplicamos el instrumento del Test de la Mentalidad de Arbinger. A continuación, formamos a los empleados preparándolos mediante la aplicación de los siguientes grupos de herramientas de implementación de la mentalidad fuera de la caja: herramientas de autoconciencia, herramientas de cambio de mentalidad, herramientas de *accountability*, herramientas de colaboración y (para el personal directivo) herramientas de liderazgo. Todas estas he-rramientas configuran una estrategia que luego ayudamos a po-ner en práctica a los líderes y miembros de los equipos. Enton-ces, hacemos un seguimiento de los progresos y adaptamos la estrategia de implementación, planificando las reevaluaciones a intervalos regulares. Asimismo, apoyamos la evolución fomen-tando la experiencia de vivir fuera de la caja y ayudando a los líderes de la organización a revisar los sistemas y procesos, de manera que incentiven y recompensen el desempeño con una mentalidad fuera de la caja y no el desempeño con una mentali-dad dentro de la caja. Esta labor abarca desde la planificación estratégica, a la reestructuración de los sistemas para la mento-ría y el entrenamiento de los ejecutivos.

El crecimiento sostenido no puede provenir de una expe-riencia que resida fuera de una organización. Aunque un creci-miento a corto plazo a veces se puede adquirir de esa manera, un crecimiento sostenido en el tiempo no puede ser externali-zado. Una organización solo crecerá en la medida que su per-sonal esté equipado para apoyar tal crecimiento. Por tales ra-zones, el objetivo de Arbinger es posicionar y dotar a nuestros clientes de una comprensión y experiencia suficientes con las herramientas de la mentalidad y procesos fuera de la caja para que, de forma autónoma, puedan «asesorarse a sí mismos» a lo largo del tiempo.

En parte, Arbinger incorpora su experiencia a las organiza-ciones de los clientes preparando y acreditando a facilitadores internos que impartan los programas Arbinger dentro de sus organizaciones. Para saber más sobre los servicios de forma-ción y consultoría de Arbinger, y para averiguar cómo conver-tirte en un facilitador Arbinger dentro de tu organización o estudiar las publicaciones de Arbinger y acceder a los casos prácticos de clientes, puedes visitarnos en www.arbinger.com.

ECOSISTEMA DIGITAL

NUESTRO PUNTO DE ENCUENTRO

www.edicionesurano.com

2 AMABOOK
Disfruta de tu rincón de lectura
y accede a todas nuestras **novedades**
en modo compra.
www.amabook.com

3 SUSCRIBOOKS
El límite lo pones tú,
lectura sin freno,
en modo suscripción.
www.suscribooks.com

**DISFRUTA DE 1 MES
DE LECTURA GRATIS**

1 REDES SOCIALES:
Amplio abanico
de redes para que
participes activamente.

4 APPS Y DESCARGAS
Apps que te
permitirán leer e
interactuar con
otros lectores.